U0620164

中国软科学研究丛书

丛书主编：张来武

“十一五”国家重点图书出版规划项目
国家软科学研究计划资助出版项目

可持续经济增长的实现机理

陈艳莹　刘经珂 著

科学出版社
北京

内 容 简 介

本书主要包括四个方面的内容。第一部分在总结前人有关经济增长极限、可持续经济增长可行性及其实现条件等方面研究成果的基础上，从经济和环境两方面对可持续经济增长的概念进行界定。第二部分从假设驱动出发，集中探讨如何才能实现可持续经济增长，结果证明，经济增长路径向可持续经济的收敛由规模效应、结构效应和技术效应的相对强弱决定。第三部分通过实证研究得出环境库兹涅茨曲线并不能说明可持续经济增长具有自发性的结论，并分析了厂商采纳绿色技术的微观机制。第四部分则立足于上述研究，提出了可持续经济增长的政策体系和政策工具的选择原则。

本书丰富了可持续经济增长的研究内容，希望能够为政府工作人员提供决策支持，为广大科研工作者提供研究参考。

图书在版编目（CIP）数据

可持续经济增长的实现机理/陈艳莹，刘经珂著. —北京：科学出版社，2016.

（中国软科学研究丛书）

ISBN 978-7-03-049112-1

Ⅰ. ①可… Ⅱ. ①陈… Ⅲ. ②刘… Ⅳ. ①中国经济-经济增长-研究 Ⅳ. ①F124

中国版本图书馆 CIP 数据核字（2016）第 140530 号

丛书策划：林 鹏 胡升华 侯俊琳

责任编辑：石 卉 程 凤 / 责任校对：郑金红

责任印制：张 倩 / 封面设计：黄华斌 陈 敬

编辑部电话：010-64035853

E-mail:houjunlin@mail.sciencep.com

科学出版社 出版

北京东黄城根北街 16 号

邮政编码：100717

http://www.sciencep.com

北京通州皇家印刷厂 印刷

科学出版社发行 各地新华书店经销

*

2006 年 7 月第 一 版 开本：720×1000 1/16

2016 年 7 月第一次印刷 印张：9

字数：182 000

定价：58.00 元

（如有印装质量问题，我社负责调换）

"中国软科学研究丛书"编委会

总 序

PREFACE

软科学是综合运用现代各学科理论、方法，研究政治、经济、科技及社会发展中的各种复杂问题，为决策科学化、民主化服务的科学。软科学研究是以实现决策科学化和管理现代化为宗旨，以推动经济、科技、社会的持续协调发展为目标，针对决策和管理实践中提出的复杂性、系统性课题，综合运用自然科学、社会科学和工程技术的多门类多学科知识，运用定性和定量相结合的系统分析和论证手段，进行的一种跨学科、多层次的科研活动。

1986 年 7 月，全国软科学研究工作座谈会首次在北京召开，开启了我国软科学勃兴的动力阀门。从此，中国软科学积极参与到改革开放和现代化建设的大潮之中。为加强对软科学研究的指导，国家于 1988 年和 1994 年分别成立国家软科学指导委员会和中国软科学研究会。随后，国家软科学研究计划正式启动，对软科学事业的稳定发展发挥了重要的作用。

20 多年来，我国软科学事业发展紧紧围绕重大决策问题，开展了多学科、多领域、多层次的研究工作，取得了一大批优秀成果。京九铁路、三峡工程、南水北调、青藏铁路乃至国家中长期科学和技术发展规划战略研究，软科学都功不可没。从总体上看，我国软科学研究已经进入各级政府的决策中，成为决策和政策制定的重要依据，发挥了战略性、前瞻性的作用，为解决经济社会发展的重大决策问题作出了重要贡献，为科学把握宏观形势、明确发展战略方向发挥了重要作用。

20 多年来，我国软科学事业凝聚优秀人才，形成了一支具有一定实力、知识结构较为合理、学科体系比较完整的优秀研究队伍。据不完全统计，目前我国已有软科学研究机构 2000 多家，研究人员近 4 万人，每年开展软科学研究项目 1 万多项。

为了进一步发挥国家软科学研究计划在我国软科学事业发展中的导向作用，促进软科学研究成果的推广应用，科学技术部决定从 2007 年起，在国家软科学研究计划框架下启动软科学优秀研究成果出版资助工作，形成“中国软科学研究丛书”。

“中国软科学研究丛书”因其良好的学术价值和社会价值，已被列入国家新闻出版总署“‘十一五’国家重点图书出版规划项目”。我希望并相信，丛书出版对于软科学研究优秀成果的推广应用将起到很大的推动作用，对于提升软科学研究的社会影响力、促进软科学事业的蓬勃发展意义重大。

科技部副部长

张来武

2008 年 12 月

前言 FOREWORD

中国改革开放近 40 年来取得了举世瞩目的成就，年均增长率连续多年维持在 10%左右，6.6 亿国人（相当于世界总人口的 1/10）摆脱了贫困，这被称为“中国奇迹”。但与此同时，我们也付出了巨大的资源环境代价，粗放型的发展模式导致不可再生能源过度消耗、污染废弃物排放量猛增、循环利用水平低下。换句话说，我国经济的高速发展在很大程度上是依赖生产要素的高投入实现的。

这种高投入、高消耗、高污染、低水平、低效益的发展方式虽然实现了当前利益但牺牲了长远发展，由此带来的生态环境恶化是短时间内难以根除的。因此，各国政府纷纷寻找在经济增长的同时环境质量也能得到改善的可持续发展之路——如日本、德国等发达国家对循环经济的打造，中国、巴西等发展中国家的科学发展观、“绿色法庭”等尝试，联合国环境与发展大会更是早在 1992 年就通过了《21 世纪议程》，将可持续发展战略确定为全球长期发展战略。那么可持续经济增长是否真的可行？若可行，实现机理是怎样的？在实践中经济增长路径是否具有向可持续路径收敛的自发性？依据本国的经济发展阶段，政府应如何选择合适的政策工具？本书将通过理论和实证研究对上述问题一一进行解答。

首先，本书在两方面定义可持续经济增长——经济层面的真实储蓄率为正和环境层面的环境功能稳定。在分析了经济增长与环境可持续的协调途径、经济增长过程中环境压力的决定因素，以及如何才能使保持环境可持续的努力不制约经济增长之后，得到了使经济增长路径向可持续路径收敛的条件和机制：从动态角度来看，促使经济增长路径向可持续经济增长路径收敛的根本途径是通过纠正经济当中的双重市场失灵和双重政府失灵来减轻环境压力，而这种收敛能否发生，归根结底要取决于经济增长过程中有利于环境的技术效应和结构效应是否能够抵消规模效应。

其次，虽然近十年来大量经验研究发现环境压力和收入之间的关系是倒U形的环境库兹涅茨曲线（EKC），但这并不能说明经济增长路径向可持续路径的收敛具有自发性。除了数据的问题之外，现有经验研究所用的回归模型暗含着长期均衡、同质性和趋势平稳三个假设。本文通过对这三个假设的检验证实，EKC 经验研究所用的回归模型不是一个优质的计量模型，以此为基础得到的环境压力与收入之间的倒 U 形曲线不能解释为经济增长有利于环境的改善。观察到的部分环境压力指标随经济增长而下降的现象主要归因于环境保护固有的规模收益递增性质，与经济增长的内生变化没有关系，可持续经济增长的收敛并不具有自发性。此外，对绿色技术进步中厂商决策的分析进一步支持了上述观点。在市场环境下，由于厂商按照私人的成本和收益来决定是否采纳绿色技术，绿色技术收益的不确定性导致厂商为了获得后动优势而推迟采纳绿色技术，技术的互补性则造成了绿色技术扩散的低效率，如果不通过政策的干预纠正这种双重市场失灵，经济增长路径就很难收敛到可持续路径。

最后，在对可持续经济增长的政策体系、政策工具进行分析的基础上，本书还探讨了我国可持续经济增长的政策选择。

本书的主要创新点如下。

（1）引入生态学中的自然资本概念，从经济和环境两个维度系统界定了可持续经济增长的内涵，没有使用传统的基于替代性假设的可持续标准，而是将环境可持续定义为重要的环境功能的稳定性，并利用真实储蓄率和自然资本消耗率界定了强可持续经济增长路径和弱可持续经济增长路径。

（2）采用假设驱动的方式，以环境压力为核心分析经济增长路径向可持续经济增长路径的动态收敛，证明了经济增长与环境可持续存在着协调的空间。考察了保护环境可持续所需支出的成本与经济增长之间的关系，弥补了现有研究只考虑经济增长对环境可持续单方面影响的不足，通过分析可持续经济增长的经济条件，指出实现可持续经济增长需要依靠消除经济中普遍存在的双重政府失灵和双重市场失灵。

（3）从回归模型的有效性这一全新的视角考察经验研究得到的环境库兹涅茨曲线与可持续经济增长能够自发实现这一重要假说的相关性，突破了现有研究只注重指标和数据选取的单一研究思路，指出 EKC 经验研究所用的回归模型不是一个优质的计量模型，使用该模型得到的环境压力与收入之间的倒 U 形关系不能解释为经济增长有利于环境的改善。通过构建微观模型，将观察到的部分环境压力指标随经济增长而下降的现象主要归因于环境保护固有的规模收益递增性质，对 EKC 曲线的成因提出了一种全新的解释，进一步证明了可持续经济增长的实现不具有自发性。

（4）考察厂商的绿色技术采纳决策，弥补了现有文献中对此项决策微观发生机制研究的欠缺，通过构建技术采纳博弈模型和两部门经济模型，分析了收益的不确定性和技术的互补性对厂商绿色技术采纳决策的影响，指出厂商不愿意投资绿色技术并不单纯是因为环境成本的外部性，而是在市场环境下，由绿色技术本身的特点引致的一种策略行为。

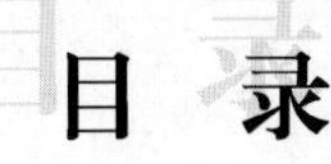

目 录

CONTENTS

第一章 绪论

实现可持续发展需要协调环境、经济和社会三个系统的运动，尤其是经济增长与环境之间的矛盾。虽然激进的环保主义者主张为了环境的可持续而停止经济增长，但从各国实践来看，经济增长仍然是解决人口、收入分配和失业问题最为有效的方法，尤其是对于发展中国家来说。正因为如此，在实践当中，可持续发展目标首先具体化为可持续经济增长，如何实现可持续经济增长也成为当前急需解决的难题。

第一节 环境的可持续与经济增长

可持续发展是 21 世纪人类社会面临的首要问题。实现可持续发展需要协调环境、经济和社会三个系统的运动，尤其是经济增长与环境之间的关系。

在 20 世纪 60 年代之前的书籍文献中，我们很少能看到“环境保护”这个词汇，充斥人们眼球的无非是“向大自然宣战”“征服大自然”之类的口号，这反映出人类将自身置于大自然对立面的立场，以及与之和谐相处意识的匮乏。尤其是工业革命后的一个多世纪以来，经济增长作为各国政府追求的目标始终在宏观经济调控目标中占据着首要位置。产出的迅速增长通过增加收入、减少失业、促进收入分配公平、缓和政治冲突增加了各国的福利，但一味追求物质财富积累的经济增长模式却对环境造成了巨大的破坏。一方面，经济活动对自然资源的需求迅速增加，大量不可再生资源濒临枯竭，森林、水、土地、鱼类等可再生资源因为再生能力受到破坏，存量急剧减少，整个生态系统的生产能力严重下降。另一方面，伴随着经济增长，排放到环境中的污染物和废弃物不断增加，威胁着生态系统自身的净化能力，温室效应、酸雨、公害污染等环境问题越来越严重，排污量迅速增长与环境承载力下降的矛盾日益尖锐。用世界资源研究所（world resource institute，WRI）和《联合国环境方案》中的话来说，“世界正走向一个不可持续的未来”（WRI，1992），“我们不是借用了父辈的地球，而是借用了儿孙的地球”（刘思华，1997）。

人类对环境问题的全民关注始于1962年美国生态学家蕾切尔·卡森（Rachel Carson）出版的著作《寂静的春天》（*Silent Spring*），该书后被称为“生态运动”的起跑信号，书中真切地描述了愈演愈烈的环境污染状况，震惊了长期以来沉浸在对经济增长极度崇拜和贪婪追求中的人们，引发了此后世界范围内对资源环境危机和发展观念的讨论。

一些学者进行了相关理论的研究，如肯尼思·鲍尔丁（Kenneth. E. Boulding于1966年发表了《即将到来的宇宙飞船地球经济学》一文并提出生态经济学的概念，他把地球比作茫茫太空中的一艘宇宙飞船，人口和经济的不断增长会耗尽飞船内优先的资源，同时人类生产消费所排出的废弃物会污染飞船最终导致社会的崩溃。保罗·艾里奇（Paul R. Ehrlich）于1968年在《人口爆炸》中提出，如果不对人口增长加以控制，大约900年后，地球人口将达到6×10^{16}人，人类将无立足之地。另有一些学者对工业革命以来为实现经济增长所付出的环境代价从不同角度进行了估算（王岩和赵海东，2001；De Bruyn，2000；陈国权，1999；刘思华，1997）。总体来说，西方发达国家年均环境损失的经济价值约为国内生产总值（GDP）的2%～4%，东欧国家占5%～10%，发展中国家则超过了10%。非洲国家仅土地退化一项造成的损失就占GDP的5%以上。据科学家按照“生物圈2号实验室”的造价推算，要建造适宜目前人类生存的生态环境，至少需要耗费相当于目前全世界GDP 15万倍的物质财富，也就是说，人类目前生产的物质财富是以损失很多倍的环境财富为代价的。如果人类为了生产十五万分之一的物质财富而使地球的环境财富濒临毁灭，显然是极不经济的。在这种背景下，如何降低化石燃料依赖、减少温室气体排放、建立生态友好型经济成为人们在社会发展中面临的巨大挑战（Plip，2015）。更有甚者，激进的环保主义者从20世纪70年代就开始呼吁，应该为了环境的可持续而停止经济增长。

然而，经济增长是否应当停止？放弃经济增长又是否必然会提高环境的可持续性呢？首先，不管环境保护的支持者和生态学家如何反对经济增长，从各国的实践来看，经济增长仍然是解决人口、收入分配和失业问题最为有效的方法，尤其是对发展中国家来说。除非经济个体对环境质量拥有无穷大的偏好，否则停止经济增长对经济其他方面造成的损失会远远超过环境可持续性提高而带来的收益。其次，在现实中，很难让一个经济主动放弃增长。按照Thurow（1980）从文化角度的解释，“只有人们的欲望都得到了满足，一个没有增长的社会才能保持和平。虽然在逻辑上可以假定有一种文化，能够使人们看着世界其他国家享受更高的生活水平而仍然对自己的现状感到满足，但目前却不存在这种文化。渴望提高生活水平是人的共性。”期待一个经济为了保持环境的可持续性而自愿放弃经济增长几乎是不可能的。最后，认为停止或降低经济增长速度有助于提高环境可持续性的观点实质上是假定，产出和环境资源消耗量正相关，只要有产出，就要消耗环境资源，因此减少产出会减少环境资源的消耗量，提高环境的可持续性。但是，大量研究表明，与经济增长相比，贫穷对环境的负面影响更大（Stokey，1998；Grossman and Krueger，1995；Duchin and Lange，1994）。由于环境质量的奢侈品性质，当收入水平较低时，经济个体的环境意识一般较弱，在渴望致富的动机的驱使下，价格被低估甚至没有价格的环境资源作为一种廉价生产要素往往被过度使用，这是发展中国家普遍存在的问题。从这一角度来看，停止经济增长至少对发展中国家来说并不是提高环境可持续性的一种最优选择。正是由于这几个方面的原因，环保主义者为了环境的可持续可停止经济增长的主张只能是道德层面的一种呼吁，在现实中很难具有操作性。

经济增长的本质是一个经济产出的增长，而产出的形成则是劳动、资本、环境资源等多种生产要素共同作用的结果。由于生产要素的组合比例可以变化，产出的增长并不总是要消耗更多的环境资源，完全有可能在环境资源消耗量不变，甚至环境资源消耗量减少的情况下，实现产出的增长。只有当一个经济粗放地使用环境资源，靠增加环境资源的投入来支撑产出的增长时，经济增长才会恶化环境。因此，对环境可持续构成威胁的并不是经济增长本身，而是经济增长的方式。过去一个世纪，人类的经济增长之所以引致了巨大的环境成本，主要是因为在价格信号的指引下，市场机制朝着节约劳动和资本等有价生产要素的方向运行，而忽视了价格被低估甚至没有价格的环境资源，正如Pearce 和 Barbier（2000）所认为的，“重要的环境价值一般没有被反映在市场内，所以，尽管它是社会舆论热点，但政策往往还是对其视而不见”。大量实证研究表明，随着近几年环境管制的加强，发达国家经济增长的环境成本呈现出下降趋势，一些国家的环境质量已经接近或达到可持续的要求。这足以证明，经济增长与保持环境的可持续是可以同时实现的。

既然经济增长与环境可持续并非必然存在矛盾，协调经济系统与环境系统之间关系的最为可行也最为理想的方式，自然就是将经济增长的环境压力限制在环境所能承受的范围之内，实现可持续经济增长。虽然近几十年来，经济增长与环境可持续的关系作为“最关键的经济问题”（Goldin and Winters，1995）得到理论界的普遍关注，但多数研究仍局限在可持续经济增长是否可行的争论上，缺乏对可持续经济增长的具体实现途径及内在机理的深入研究。由于对可持续经济增长的内涵尚无一致的界定，所以不同研究的结论也存在很大差异。例如，Goldin 和 Winters（1995）认为，经济增长与环境保护完全一致，而 Daly（1990）却认为，可持续经济增长压根就是一种幻觉。“哪一种观点正确，没有

人知道，理性的人完全有理由对这个问题持不同看法。”（Common，1995）

事实上，争论可持续经济增长是否可行等于重复回答“是否要为了环境的可持续而放弃经济增长”的老问题。在无法停止经济增长这一前提条件的约束下，这种争论对现实并无多大指导意义，更重要的应当是通过积极有效的措施减轻经济增长的环境压力，力争实现可持续经济增长。与之相适应，如何准确界定可持续经济增长方式；什么因素决定着经济增长的环境压力；经济增长路径向可持续经济增长路径收敛的条件是什么；当经济增长到一定程度之后，进一步的经济增长是否能够自发地减轻环境压力；一国政府需要制定哪些政策才能促使经济增长路径向可持续增长路径收敛，也成为当前急需研究的问题。

作为发展中国家，我国近些年来经济一直高速增长，但由经济增长所引发的环境问题也越来越突出。以 1978～2011 年为例，GDP 累计增加了 32.8 倍，年均增长率高达 9.8%，但这种建立在粗放型增长模式上的“中国经济奇迹”也付出了资源锐减、环境污染、生态失衡等众多环境代价和贫富分化、腐败蔓延、道德滑坡等社会代价，仅 21 世纪开局五年，我国平均每年因资源浪费、环境污染和生态破坏造成的经济损失就高达 4000 亿元之巨，据 2006 年世界银行发布的《世界发展指标》数据显示，全球空气污染最严重的 20 个城市中，中国就占据了 13 个席位。经济增长与环境可持续之间的矛盾日益激化。如何降低经济增长的环境压力，实现可持续经济增长，是我国迫切需要解决的问题。

第二节 相关研究综述

作为由可持续发展派生出的一个概念，可持续经济增长涉及经济系统与环境系统的复杂关系。从内容上看，有关经济增长和环境可持续关系的研究主要集中在三个方面：一是环境对经济增长的制约作用，该领域的研究形成了多种不同的经济增长极限理论；二是经济增长与环境可持续的协调空间，即可持续经济增长是否可行；三是利用经济增长模型分析可持续经济增长的条件。

一 经济增长极限理论

环境按照对经济活动的贡献可以细分为环境资产和自然资源两部分，环境资产（狭义的环境）直接创造效用，自然资源则参与生产。虽然马尔萨斯、李嘉图等古典经济学家很早就指出了自然资源对经济增长的制约作用，但并没有引起足够的重视（Malthus，1974；Ricardo，1973）。直到 20 世纪 70 年代，随着环境问题的日益突出及发达国家对不可再生资源依赖性的增强，越来越多的学者对持续经济增长的可能性和合意性提出了质疑。他们从资源的可获性、热力学、生态系统、经济福利等不同角度研究经济增长的制约因素，形成了多种不同的经济增长极限理论，并直接引发了经济学家和生态学家对可持续经济增长是否可行的争论。

1. 经济增长的资源极限

1972 年，以德内拉·梅多斯（Donella H. Meadows）为首的四位学者签署出版了《增长的极限：罗马俱乐部关于人类困境的研究报告》，向人们展示了在一个资源有限的星球上无止境单纯追求经济增长可能带来的后果，在空气、水资源、生物多样性等方面敲响了警钟，最先提出了经济增长极限的概念。1992 年，第二版报告《超越极限：正视全球性崩溃，展望可持续的未来》出炉，与第一版相比，内容和模型有所更新，揭示出人类已经在个别方面超出地球承载力极限的危险现状，发人深省。2004 年第三版报告《增长的极限》沿袭之前的基本观点，使用“生态足迹”等概念，在全球范围内掀起了一场旷日持久、影响深远的人类发展前景大争论。

与马尔萨斯、李嘉图等古典经济学家的分析相似，梅多斯的模型假定人口和工业资本以指数方式增长，导致对食物和不可再生资源的需求也呈指数增长，而食物和不可再生资源的供给是有限的，因此在长期中，有限的食物和资源会为人口和产出设置一个极限，随着自然资源的耗竭，经济系统最终会趋于崩溃。技术进步只会使人类的经济系统在崩溃前达到更多的人口和更高的产出水平，却不可能避免这一极限。避免极限的唯一方法就是停止经济增长。Barney（1980）等也做出过类似的世界末日式的预言。总之，就像 Ayres 和 Warr（2009）所指出的那样，在增长理论方面，生态经济学家始终认为，经济增长依赖于物质的投入和消耗，尤其是能源吞吐量。

基于资源可获性的增长极限理论一经提出就遭到了很多经济学家的反对。Cole 等（1973）在梅多斯的模型中引入新资源勘探、资源回收利用等因素，使可利用的不可再生资源保持指数增长，结果表明，只要资源增长的速度快于人口和消费的增长速度，梅多斯所预言的经济崩溃就可以被无限地推迟。Nordhaus（2010）调整了模型中有关人口行为和储蓄的假设，并引进了技术进步和替代因素，重新运行模型得到了完全不同于梅多斯的结论，不但可以避免经济系统崩溃，还有可能使经济增长速度加快。Simon（1981）认为，罗马俱乐部的预测中所用的资源稀缺性是技术意义上的稀缺性，而不是经济意义上的稀缺性。技术意义上的稀缺性针对的是土地、矿藏的总量，显然是有限的。但作为经济学家和消费者，人们更感兴趣的是这些资源所能提供的服务，而不是这些资源本身。当一种资源的价格上升时，人们会用其他资源替代这种资源，并通过技术创新对其更有效地开采、使用和回收。由于技术进步，资源对人类经济增长的极限将不存在。常子晨和常东旭（2012）也认为，罗马俱乐部所倚重的系统动态模型仅仅选择了五个方面来设计变量，这只能看做是研究现实世界中经济增长特定问题的一个“理想模型”，虽有推演模拟过程简单易行的优点，但也很容易在所忽略的要素中存在漏洞，“所研究的相互作用也只是局部的”，“现在的模型只考虑到人的物质系统方面，没有设计和提出有效的社会因素”，是有缺口的、不完善的理论。

2. 经济增长的热力学极限

Georgescu-Rogen（1971，1976）和 Daly（1977）认为，不仅自然资源的稀缺性能推出经济增长的极限，从热力学的角度也可得出同样的结论。在热力学中，用熵作为系统有序程度大小的度量。热力学第一定律表明，能量既不能创造，也不能毁灭，只能转移。第二定律则指出，衡量不可利用能量的熵总是在不断增加并趋于极大，最后达到平衡态，亦即能量的百分百循环是不可能的。当把这两个定律应用于经济过程时，意味着生产所需的物质和能量转换必定会导致熵的损失，一部分能量会转换为无法利用的废弃物。由于注入地球的太阳能是有限的，所以人类所能利用的低熵物质也是有限的。消费和产出的增长必定要引起熵的增加，恶化环境，绝对稀缺性会越来越突出，经济的增长最终会趋于停止。

与 Nordhaus 和 Simon 等的观点相反，Georgescu-Rogen（1971）认为，替代和技术进步并不能消除上述的稀缺性约束。替代只能发生在低熵的物质和能量之间，而低熵的物质和能量本身是不可替代的。同样，自然资源和资本之间的替代程度非常有限，因为资本的生产本身也需要自然资源。技术虽然能够提高自然资源转换为消费品和资本品的效率和速率，但并不能摆脱热力学定律。由于当前的自然资源价格建立在对替代性和技术进步的不现实的预期上，所以并不能产生正确的激励，改变经济个体的行为。在他们看来，解决增长的热力学极限唯一的办法就是控制整个经济中流通的物质流和能量流，至于要不要降低经济增长速度，他们并不太清楚。如果通过技术进步，一定的物质和能量能够提供更多的服务，经济就还可以保持增长。但关键是，只要经济增长与物质和能量消费间存在固定的比例，热力学极限迟早都会限制人类的经济增长。

经济增长的热力学极限也遭到了部分质疑。例如，Prigogine 等（2009）看到了系统可以从无序转化为有序的积极一面，认为对于一个与外界有分子和能量交换的开放系统来说，熵的变化可以分为两部分，即 ds=des（熵流）+dis（熵源），熵源是系统本身由不可逆过程引起的，永远为正，熵流是系统与外界交换分子和能量引起的，可正、可负、可为零。若 des>0，则物质和能量的交换增加了系统的总熵，加速了系统取向平衡态的运动；若 des=0，则表示系统平衡态受到扰动，但保持近平衡态；若 des<0，其绝对值又大于 dis，则 ds<0，系统不断获取环境中的物质和能量，系统的有序性加强，自组织形成，使系统由无序趋向新的有序之后，系统可以形成并维持一个低熵的非平衡稳定态的有序结构。这一负熵流概念的提出使得在不违反热力学第二定律的条件下，非平衡开放系统可以通过其来减少系统的总熵，从而促进系统达到新的稳定有序的耗散结构。

再如，Cleveland 和 Ruch（1997）认为，目前人类的经济活动仅用了由太阳能提供的低熵能量的一小部分。只要低熵能量没有完全利用，就没有必要限制经济增长。Ayres（1997）指出，尽管经济活动会导致物质和能量的耗散，但这些耗散的物质和能量并没有从地球上消失，而是转化成了其他形式的资源存量。如果技术进步能够将这些废弃物转变为可以利用的经济资源，经济增长就并不会达到极限。Smulders（2000）也指出，经济增长停滞的预言没有看到热力学作用不到的领域——知识的生产，没有理由认为知识的生产是有界的，正是因为知识的生产不受热力学熵增定律约束，技术进步、环境与其他要素之间投入的替代有可能让人类逃脱世界末日的厄运。

3. 经济增长的生态学极限

人类的经济增长会对环境造成破坏。环境的稀缺性与自然资源的稀缺性存在本质的区别。按照主流经济学的观点，由于多数自然资源能够成为私人物品，当其稀缺性加剧时，价格的上升会引致技术进步和替代效应，缓解其稀缺性。然而，环境是一种公共物品，没有价格，稀缺性也就无法通过当前的价格得到反映。而且，从技术的观点来看，环境也不可能循环使用。虽然环境具有一定的自我更新能力，但当经济活动的规模超过了环境的承载能力时，生态系统将崩溃，从而限制人类的经济增长。因此，对于经济增长而言，环境是比自然资源更严格的约束条件。

自 1953 年 Odum 将逻辑斯蒂模型（logistic model）中环境容纳量与承载力结合起来后，生态承载力的概念就频繁出现在各项研究中。为了描述生态承载力对经济增长的约束，Siebert（1982）首先提出了环境利用空间（environmental utilisation space）的概念，Opschoor（1992，1995）、Opschoor 和 Weterings（1994）将其进一步完善。根据 Opschoor 的观点，环境利用空间是在保持一定的环境质量和可再生资源存量的条件下，所有可能的环境服务的组合。环境服务是生态系统具有的能够为人类所利用的功能。经济活动中使用的环境服务可以分为获取（source）和倾倒（sink）两大类，前者是以环境作为来源，如获取自然资源、娱乐等；后者是以环境作为排废场所，依靠环境吸收废弃物。这两类服务的可获性和质量取决于生态系统的功能。当经济活动的规模位于环境利用空间之内，即产出对两类环境服务的使用低于生态系统的再生能力时，环境存量可以保持不变。而一旦经济活动的规模超出环境利用空间，生态系统的破坏将导致环境服务耗竭。因此，环境利用空间是环境意义上的生产可能性边界。如果产出超出环境利用空间，为了保持环境存量就必须减少产出规模，停止经济增长。

当前很多国家对环境倾倒功能的使用已经超出了环境利用空间，除蓄水层枯竭、森林减少、沙漠蔓延、土地污染、空气污染等人们的生活直观感受外，目前国内外的经验研究也证明了这一点。Adriaanse（1993）考察了几项典型的倾倒指标，认为荷兰的污染水平已经使环境存量不能保持稳定状态。Posch 等（1995）的研究表明，欧洲绝大多数地区的硫化物严重超出了环境的承载力。Turner（2008）的研究证实了近 30 年来全球污染排放量方面的变化形势是十分严峻的，Pellegrini 等（2016）、Ingrao 等（2015）的研究表明，农业，尤其是传统低效农业，不仅消耗了全球 70%的水资源，而且向外界排放了过量的温室气体，在全球排放量排行榜上居于首位。对于环境利用空间的批评主要集中在难以准确确定环境利用空间的边界上，对此 Opschoor 和 Weterings（1994）认为，即使不知道准确的环境利用空间边界，一国也应当通过积极的政策确保经济增长的环境压力向假定的稳定状态收敛。假定的稳定状态至少应当低于发达国家当前的环境压力。这意味着要想克服环境利用空间设置的生态极限，必须降低经济增长的环境压力。

Myrdal（1974）、Hueting（1980）、Pearce（1990，2013）、Max-Neff（1995）、Clarke（2005）、Lawn（2010）等学者从福利的角度研究经济增长的生态极限，认为经济增长并不意味着社会福利的增加，环境使用中的负外部性使得收入和福利之间存在缺口。即使政府能够通过恰当的经济政策将外部性完全内部化，产出的增长也会加重污染和环境的恶化，尤其是当经济个体对环境质量具有正的收入弹性时，经济增长将产生负的福利效应，从环境的角度降低经济增长是合意的。

二 可持续经济增长是否可行的争论

生态学家提出的经济增长极限理论实质是认为经济增长与环境可持续之间是矛盾的关系。在环境的约束下，经济增长不可能永远持续下去，而要保持环境的可持续，就必须停止经济增长，因此，不存在能够协调经济增长与环境可持续之间矛盾的可持续经济增长空间。

然而，更多的经济学家认为，上述看法的基点是自然资源的总量及资源流通量存在极限，但是经济效率、知识和技术的进步能缓解甚至无限推延这个极限从而使可持续经济增长成为可能。首先，污染控制技术及节能效率的提高会对环境污染进行有效的控制；其次，市场的力量、社会技术进步会引致各种创新的交替和重叠出现，包括新材料开发、生产率和资源利用效率提高、资源回收使用及替代品开发等，从而使自然资源在经济意义上的持续和有效利用成为可能。因此，维持消费水平和环境可持续的可持续经济增长是可能的。

从本质上看，是否存在可持续经济增长的空间要取决于经济增长能否与环境压力相脱离（decoupling），即在经济增长的同时，环境压力是否会减轻并稳定在可持续的水平上（Sander，2000）。生态学家和经济学家对可持续经济增长是否可行的争论反映了二者对这一问题的不同看法。经济学家普遍对减轻经济增长的环境压力充满信心，认为这种脱离效应不但非常巨大，而且能够一直持续下去。生态学家则对脱离效应的程度及长期性持怀疑态度，认为即使经济增长能够部分地与环境压力相脱离，受环境系统特定的物理规律的作用，这种脱离也不可能是完全的。例如，在 Daly（1990）看来，GDP 的增长与物理产出的增长密不可分，因此总要增加环境压力。不会增加环境压力的 GDP 是一种“天使化的 GDP”。要想依靠这种“天使化的 GDP”生存，我们就必须让自己变成天使，因此，Daly（1990）认为，“可持续经济增长这个词是一个错误的矛盾修饰法，应当被否定”。

在与生态学家的争论中，主流经济学家对可持续经济增长一直持乐观态度。Beckerman（1992）认为，经济增长是消费应当如何在不同时期扩散的问题，与给定时点上资源如何利用是完全不同的两回事。资源在特定时点上因外部性而配置不当，并不意味着经济增长率是错误的。降低经济增长速度丝毫无助于解决环境问题，而只要纠正外部性，经济增长与环境可持续是可以同时实现的。Lecomber（1975）指出，产出结构的变化、生产要素的替代和提高要素使用效率的技术进步是减轻环境压力的三个重要途径。当这三个效应的累积效果使稀缺自然资源投入量及污染的下降速度等于或高于经济增长的速度时，经济将可以保持持续的增长。王海建（2000）指出人力资本增长率与资源投入增长率之比大于资源与人力资本产出弹性之比，并且消费跨期替代弹性小于 1 时，经济增长是可持续的。彭水军和包群（2006）把不可再生资源引入生产函数，认为如果经济中有足够的人力资本积累及较高的 R&D 产出效率，从而具有有效的研发创新活动，是可以克服自然资源的稀缺和不断耗竭、非熟练劳动人口增长及消费者相对缺乏耐心等问题从而保持经济的持续增长的。Akao 和 Managi（2007）运用物质平衡方法分析经济增长和环境系统的演进过程发现，只要最终作为废弃物回到环境中的自然资源在长期中的增长率为负，可持续经济增长就是可行的。Bernstam（1991）的观点更为乐观，其认为，在自由市场条件下的工业化进程中，产出和环境的关系将自动发生变化。在工业化的早期，产出和环境负相关，产出的增长会恶化环境，但这种效应会随着工业化进程的推进不断减弱。当到达某一时点后，产出将与环境正相关。如果经济增长提高资源生产率的速度快于资源产出和人口的增长速度，经济增长能够减轻环境压力，经济将自动进入可持续增长的轨道。对于经济增长和环境关系的协调机制，Bernstam 将其归结为“看不见的环境之手”（invisible environmental hand）。这种解释虽然得到了后期有关环境库兹涅茨曲线的大量实证研究的支持，但客观上只是一种假说，其有效性还有待进一步检验。

Mac-Neill（1989）认为，国民生产净值水平的提高对经济体的进一步发展和环境退化控制是绝对必要的，也是可行的。布特兰报告、世界资源组织等也都认为经济增长是消除绝对贫困的一个必要条件，发展中国家必须恢复经济增长，因为这是对经济发展、减轻贫困和改善环境状况发挥最直接作用的联合环节，但必须改善经济增长的质量，以增强人们可持续发展的能力。“如果工业化国家能在原料和能源密集的活动，以及提高原料和能源的效率方面继续其目前的转变的话，这样的增长速度从环境上讲是能够持续的。”

近 20 年来，主流经济学家在对可持续经济增长充满信心的同时更多地强调，可持续经济增长不是传统意义上的经济增长，而是纳入环境和自然资源的经济增长，协调经济增长与环境可持续需要采取积极有效的政策。例如，Arrow 等（1995）、Hefner（1995）提出，政府在推行经济自由化政策以促进经济增长的同时，必须采取严格的环境政策。Spangenberg 等（2002）强调政府应当制定系统全面的转型策略，使增长路径由不可持续转向可持续。Certin 和 Karlson（2002）认为经济增长的可持续程度取决于单位产出的环境成本，降低环境成本必须对厂商的整个生产过程进行有效监控，建议政府采取产品生产周期（PLC）污染权交易制度。Harrington 等（2005）在其增长模型中设想了一个节约型资本，指出环境质量偏好提高和对节约型资本投资的激励政策能够导致非递减的环境质量和国民收入的均衡增长。刘凤良和吕志华（2009）对我国的最优环境税政策进行了探讨，指出在开征环境税的基础上，提高居民环境偏好程度能够改善环境质量，也能提高长期经济增长率。

然而，现有研究提出的政策建议主要集中在环境政策上，这些政策虽然能够提高环境的可持续性，但多数会对经济增长产生负面效应（Bovenberg，1995；李峻等，2010），因此，并不能真正解决经济增长与环境可持续的矛盾。

此外，政策在实施过程中存在的困难也不容小觑。无疑，人类能够从良好的生态环境中获得丰厚收益，但是这与环保措施具体实施之间还存在着巨大的融资挑战。据估计，全球生态系统产品和服务的收益可能高达几千亿美元，但目前全世界每年花在生态系统保护上的支出只有 100 亿美元左右（Barbier，2011）。在非洲、拉丁美洲、中东等经济发展水平较落后的地区，这一资金缺口尤为突出。对此，有学者提出了可以在全球范围内运作的融资渠道，如通过全球温室气体排放限额和拍卖制度在富裕国家内募集资金，并按照目标国达到全球生态系统服务特定标准的程度进行分配等方法（Farley et al.，2010）。但即使是撇开执行中可能面临的大量困难不提，此类制度在政治上的不可行性也是显而易见的，正如 Nordhaus（2010）所承认的那样，相较于国际生态系统服务付费（IPES）或碳限额交易等方法而言，统一温室气体排放税的国际协议更加缥缈——“经济学家们常常将统一的碳税作为一种更加有效、更加吸引人的规制，但这些规制一般在国际谈判中遭到回避，尤其是美国，因为考虑基于税收的制度是一种禁忌”，“国际谈判的屡受挫折让我们知道了通往达成有效的气候变化国际协议的阻力有多大”。典型的例子是，美国作为全球温室气体排放量最大的国家，曾于 1998 年签署了《联合国气候变化框架公约的京都议定书》（简称《京都议定书》），但 2001 年 3 月，布什政府以“减少温室气体排放将会影响美国经济发展”和“发展中国家也应该承担减排和限排温室气体义务”为借口，宣布拒绝批准《京都议定书》，随后，2011 年 12 月，加拿大也做出了相同的决定。2012 年，《京都议定书》第一承诺期在遗憾中届满，然而就目前政界人士倾向于所谓国家利益大于地球利益的行为取向来看，第二承诺期也可谓前途未卜。

三 有关可持续经济增长条件的研究

在就可持续经济增长的可行性进行争论的同时，一些学者开始借助经济增长模型定量地分析可持续经济增长的条件。这些研究按照模型的性质可分为新古典经济增长模型和内生经济增长模型两类。

1. 使用新古典经济增长模型的可持续经济增长条件研究

从 20 世纪 70 年代中期开始，很多学者在罗伯特·索罗（Robert Solow）的新古典经济增长模型中引入自然资源，假定存在一个典型的经济个体，利用劳动、资本和自然资源三种生产要素进行生产，并且由一个中央计划者通过调整人均消费量寻求效用现值最大化，以分析在自然资源的约束下，经济能够持续增长的条件。按照对可持续的界定，这类研究又可细分为两类：一类从产出非负稳态增长的角度定义可持续，代表人物包括 Dasgupta 和 Heal（1979）、Solow（1974）、Stiglitz（1974）、Baumol（1988）、Chichilnisky 等（1995）、England（2000）、Brock 和 Taylor（2010）等；另一类则更多地强调环境的可持续，如 Barbier（1989）、Geldrop and Withagen（2000）、Hamilton（1997）、Munasinghe 和 Cruz（1995）、Mayumi（1999）、余江和叶林（2006）等。

Dasgupta 和 Heal（1979）将可持续定义为维持人均消费不变的可行性，他们使用 CES 生产函数，使不可再生资源以原材料的形式进入生产函数。研究表明，如果劳动、资本及可再生资源等能够再生的生产要素与不可再生资源的替代弹性小于 1，即使存在哈罗德中性技术进步，产出的总量也会存在上限，在这种情况下，经济是不可能持续增长的。如果替代弹性大于 1，则不可再生资源提供的原材料就不是生产的必要投入，这时也就不存在可持续的问题了。Solow（1974）的研究与 Dsgupta 和 Heal 相类似，他将可持续定义为产出的持续增长，通过使用替代弹性为 1 的 C-D 生产函数得出结论，资本的产出弹性大于由不可再生资源提供的原材料的产出弹性是保证经济持续增长的必要条件。

Stiglitz（1974）的模型考虑了人口增长因素，设 m 为外生的常数技术进步率，γ 为资源的边际产量，则当资本和资源间的替代弹性大于 1 时，只要 m/γ 充分大，即使人口增长，经济也能使用于消费的资金流保持不变。事实上，m/γ 可以看做是资源附加技术进步率，这意味着技术进步是经济持续增长的动力，自然资源的稀缺性可以被技术进步抵消，只要保持足够快的技术进步速度，自然资源将不会制约人类的经济增长。Baumol（1988）进一步完善了 Stiglitz 的研究，通过分析资本对资源的替代弹性小于 1 时的经济增长可持续条件，得出结论，自然资源的物质存量是有限的，将随人类经济的增长逐渐减少，但技术进步将提高这些资源的经济贡献，因此，自然资源的经济存量将不断增长，维持经济的持续增长仍然是可行的。

近十多年来，越来越多的经济学家接受了生态学家的观点，将环境对产出的贡献由自然资源扩展到广义的自然资本。England（2000）分析了自然资本的特点，认为在人造资本不能替代自然资本的前提下，要想保持产出的持续增长，必须满足三个条件：①技术进步从节约人造资本转向节约自然资本，提高自然资本的生产率；②保护自然资本，减少自然资本的耗竭速度，这同样取决于技术进步；③降低人口的增长速度。Chichilnisky（1995）借助于包含自然资本的新古典增长模型推导出了的“绿色黄金法则”，认为经济路径保持可持续的条件是自然资本和消费的边际替代率等于自然资本的边际更新率，而影响边际替代率的主要因素是技术进步。Brock 和 Taylor（2010）引入污染削减函数（污染削减量是总产出和治污投入的函数）和污染削减技术进步（表现为排放强度的增长率）建立了“绿色 solow 模型”，该模型的重要含义是依靠 Solow 模型的收敛性质，产品部门产出增长率以外生技术进步率（大于零）增长，就可实现治污成本大致不变的可持续增长。

另外一类有关可持续经济增长条件的研究更多地强调环境意义上的可持续。Barbier（1989）提出了一个资源约束下的最优可持续经济增长模型。假定环境退化率为 S，经济过程中的产出废弃物水平为 W，环境吸收废弃物的水平为 A，利用可再生资源的水平为 R，资源的生态能力为 G，不可再生资源的利用量为 E，则 $S=(W-A)+(R-G)+E$。Barbier 认为，经济增长可持续的最低条件是：$W=A$，$R+E=G$，即利用再生资源的速度不超过它们的再生速度；使用不可再生资源的速度不能超过可再生资源替代它们的速度，以及产出废弃物水平应当低于环境的自身的净化能力，而W、E、R又都取决于技术水平。

van Geldrop 和 Withagen（2000）构造了一个包含人造资本和自然资本两种投入的两部门经济增长模型，生产部门的产出有三种用途：①直接消费；②投资生产更多的人造资本；③投资到资源部门生产更多的自然资本。当经济个体具有正的时间偏好时，如果一个经济初始的自然资本存量较少，则随着产出的增长，该经济会增加对资源部门的投资，虽然自然资本的使用量增加，但自然资本的存量将上升；如果自然资本的初始存量很大，则最优的投资策略是在经济增长的前期不对资源部门进行投资，当自然资本的存量减少到某一临界值之后，再对自然资本进行投资。不论哪种情况，通过即时的投资和消费，自然资本的存量在长期当中将趋于稳定。然而，Geldrop 的研究暗含的假定是，经济当中存在着能够以再循环、提高效率、替代等途径"生产"自然资本的技术。

Hamilton（1997）以印度尼西亚对林业资源的需求为例分析了自然资源的可持续性与经济增长之间的关系，其假定了集约和粗放两种技术场景，发现自然资源的可持续程度对经济增长速度和经济使用自然资源的方式最为敏感。加快技术进步速度是在经济增长的同时保证环境可持续的重要途径。Munasinghe 和 Cruz（1995）、余江和叶林（2006）等学者的研究也得出了相似的结论。

从上面的综述可以看出，在基于新古典增长模型的研究中，经济能否实现可持续增长与技术进步密切相关。然而，由于新古典增长模型固有的外生性质，这些研究都将技术进步作为独立于经济系统的外生变量，使用假定的常数技术进步率，即没有解释技术进步的形成机理，也没有说明在什么条件下，技术进步才会是资源节约型的，因此，并没有揭示出可持续经济增长的具体实现机制，难以提供具有操作性的政策建议。

2. 基于内生经济增长模型的可持续经济增长条件研究

20 世纪 90 年代以来，以内生技术进步为特点的新增长理论成为经济增长理论研究的热点。一些学者开始尝试用内生经济增长模型研究经济增长与环境可持续的关系，试图回答在自然资源和环境的约束下，经济可持续增长的条件。

现有的内生可持续经济增长模型虽然将技术进步作为经济系统的内生变量，但在处理方式上，通常用 R&D、人力资本投资等来代表技术进步，并将之直接作为生产函数的系数。例如，Byrne（1997）构建了一个包含自然资本的三部门经济增长模型，其技术进步率取决于投入研发活动的劳动力数量和生产率，生产函数则是扩展的 CD 函数。Buonanno 等（2003）认为 R&D 能够增加一般性知识存量，而一般性知识对专门的环保技术有溢出效应，因此能够促进排放强度降低。Vellinga（1999）利用扩展的卢卡斯模型研究了自然资本的存量和环境保护对长期经济增长率的影响。其定义的技术进步率为人力资本存量的增长率。人力资本存量作为一种生产要素直接进入生产函数，其增长率则取决于家庭用于学习的时间和效率。

目前，我国学者对可持续经济增长的研究基本还处于跟踪国外研究的阶段，蒲勇健（2000）运用内生增长模型对可持续经济增长进行了数量刻画，但其研究着眼于产业结构调整，没有涉及微观层面。马利民和王海建（2001）构造了一个耗竭性资源约束下的内生经济增长模型，研究社会在消耗耗竭性资源的长河中要求维持可持续的消费，技术进步的速度和资源耗减速度的关系如何。在对技术进步的处理上，两者都用人力资本的积累表示技术进步。近年来，越来越多的国内学者开始运用内生增长模型来分析资源约束、环境外部性对经济增长的影响（尹静，2003；贺俊等，2006；李仕兵和赵定涛，2008；陈丽萍和李彤，2010）。

内生的可持续经济增长模型得出的可持续经济增长条件同样与技术进步密切相关。虽然与新古典模型相比，内生模型揭示了技术进步的来源，但其处理技术的方式实际上是假定，技术进步必定是自然资本节约型的，而且新技术的研发和采纳不存在时间间隔。一种新技术一经出现，微观经济个体就会马上采用。然而，大量研究已经表明，现实中的技术进步是高度不确定的（Victor，1991）。技术进步的方向主要受价格信号的指引。自然资源和环境资产的价格长期被低估，并不能准确反映其稀缺性，因此并不能为经济个体提供足够的激励从事自然资本节约型的技术创新。而且，技术创新真正影响经济增长的环境压力要经过扩散过程，很多因素会影响到微观经济个体对新技术的采纳与否。当技术扩散出现瓶颈，或者没有产生预期的结果时，技术创新将很难或需要经过很长时间才能改变经济增长的可持续性。这可以解释为什么很多发展中国家并不缺乏绿色技术，但经济增长的可持续程度却仍然很低。仅仅研究静态性质的技术对可持续经济增长的贡献，而忽略其动态效应，或者只在宏观层面上片面地构建各种理论模型，人为地回避现实的微观机制，都将形成理论上的误区。由于研究结论过于抽象，有关可持续经济增长条件的研究实质回答的也是这种增长方式是否可行的问题。

第三节　研究思路与篇章结构

一　研究思路

由文献综述不难看出，现有研究虽然从多个角度分析了环境可持续与经济增长的关系，但重点仍然停留在对可持续经济增长可行性的论证上，忽略了如何才能实现可持续经济增长这一更为现实和紧迫的问题。除研究方向之外，现有研究还存在以下三个方面的不足。

第一，可持续经济增长是与环境可持续相兼容的经济增长，由于环境可持续涉及环境资产保存、自然资源可持续利用等个多个方面，现有研究并没有提出系统的环境可持续标准，多数研究都缺乏对可持续经济增长的明确界定，不同研究往往站在不同的角度论证可持续经济增长是否可行，或分析可持续经济增长的实现条件，造成了目前的这种“公说公有理、婆说婆有理”的争执局面。过分的争执在一定程度上使人们迷失了研究的方向，反而使人们忽略了更为重要的问题：到底通过什么方式才能协调经济增长与环境可持续的矛盾。

第二，可持续经济增长不是要放弃经济增长，而是要使经济增长不影响环境的可持续，这意味着保护环境可持续的措施本身不应制约经济增长。现有研究更多关注的只是经济增长能否不影响环境的可持续，普遍忽略了保持环境可持续对经济增长的影响，因此提出的政策建议几乎都集中在环境政策上。但是，多数的环境政策往往会制约经济增长，在很多发展中国家，环境政策很难实施也正是出于这一原因。由于环境政策只是将天平由增长一边倾斜到了环境一边，所以，现有研究提出的政策建议并不能真正协调经济增长与环境可持续的矛盾。通过分析可持续经济增长的实现机理，找出能够使增长和环境双赢的政策空间，成为当前研究急需解决的问题。

第三，现有研究将可持续经济增长简单地理解为经济系统和环境系统协调发展的一种状态，因此研究视角是静态的，没有分析经济增长与环境关系的动态变化，尤其是经济增长路径由不可持续转为可持续、由可持续转为不可持续的可能性及引起这种变化的内在机制。如果经济增长引起的环境恶化只是经济增长过程中的阶段性现象，那么使增长路径由不可持续转向可持续的最好方法就是推进经济增长。但如果经济系统和环境系统不具有自发的协调机制，实现可持续经济增长就必须依靠政府的政策。

事实上，可持续经济增长是否可行主要取决于我们如何去做，与其一味地争论这种增长方式的可行性，不如换个角度研究如何做才能实现可持续经济增长。因此，与现有研究不同，本书采取了假设驱动的方法，不直接讨论可持续经济增长的可行性，而是假定存在可持续经济增长路径，重点研究如何才能使当前的经济增长路径向可持续路径收敛。论文按照“概念界定—实现机理—政策研究”的分析路径展开，从界定可持续经济增长路径入手，通过分析经济系统与环境系统的互动关系找出不同经济增长路径下环境压力大小的决定因素，研究这些因素的动态变化规律，尤其是可持续经济增长路径的收敛是否具有自发性及绿色技术进步的微观机制，在此基础上确定实现可持续经济增长的具体途径和政策选择，具体研究思路见图 1-1。

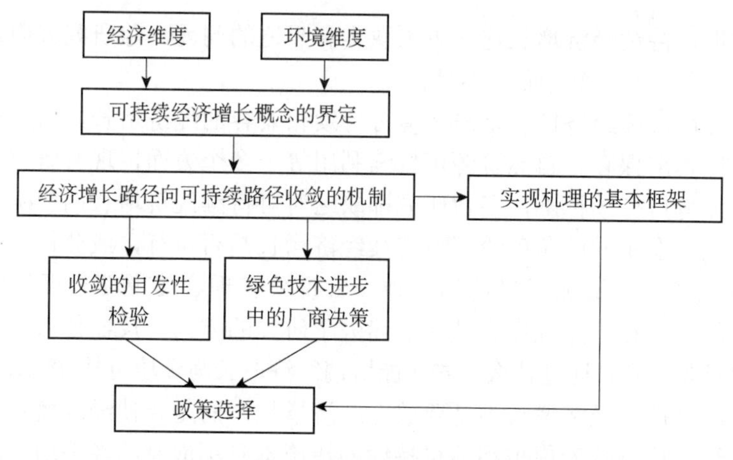

图 1-1　研究思路

图 1-1 所示的分析框架将可持续经济增长由一种状态转变为一种过程，使我们得以跳出可持续经济增长是否可行的争论，直接分析环境可持续与经济增长的互动机理。更准确地说，本书将可持续经济增长看作是一个动态的“做”的过程，最终能否达到可持续经济增长路径并不重要，关键是如何采取措施使现有的经济增长路径尽快向可持续路径靠拢。正因为如此，本书将研究重点定位在可持续经济增长的实现机理上，希望通过系统的研究找出能够使经济增长与环境可持续相协调的政策空间，为各国政府尤其是发展中国家政府解决增长与环境的两难冲突提供可行的政策建议。

二　篇章结构

按照上面的研究思路和目标，本书共分七章。

第一章为绪论。在论证经济增长无法停止、经济增长与环境可持续并非必然存在矛盾的基础上，指出协调经济系统与环境系统之间关系的最为可行也最为理想的方式就是实现可持续经济增长，并全面综述了该领域已有的研究成果，针对现有研究的不足给出本论文的研究框架。

第二章对可持续经济增长的概念进行了界定。由于可持续经济增长涉及经济和环境两个系统，我们相应从经济和环境两个维度分析了可持续经济增长路径应当满足的标准。

在回答了什么样的经济增长是可持续经济增长这一问题之后，第三章开始集中研究如何才能实现可持续经济增长。通过分析经济增长与环境可持续的协调途径，经济增长过程中环境压力的决定因素，以及如何才能使保持环境可持续的努力不制约经济增长，得到了使经济增长路径向持续经济增长路径收敛的条件和机制。

第四章和第五章是第三章研究内容的进一步展开和深化。第三章的研究证明，经济增长路径向可持续经济增长路径的收敛由经济增长过程中规模效应、结构效应和技术效应的相对强弱决定。第四章试图检验这种收敛是否具有自发性，因为如果随着经济增长，经济当中会自动产生有利于环境的结构效应和技术效应，那么实现可持续经济增长最好的方式就是加快经济增长。有关环境库兹涅茨曲线的大量经验研究似乎可以用来支持这种观点，但通过检验环境库兹涅茨曲线回归模型的有效性，本书证明，环境库兹涅茨曲线并不能说明可持续经济增长具有自发性，对其成因的研究反而说明，经济增长路径不会自动向可持续路径收敛。

第三章虽然说明有利于环境的技术效应是实现可持续经济增长的最根本途径，但现实中的绿色技术进步却因厂商的技术决策而呈现出刚性。要促使经济增长路径向可持续经济增长路径收敛，就必须分析绿色技术进步的微观发生机制，找出影响厂商采纳绿色技术的因素，这成为本书第五章的研究内容。

根据前面各章对可持续经济增长实现机理的分析，第六章研究了可持续经济增长的政策体系和政策工具的选择原则，并分析了我国可持续经济增长的政策选择。

第七章为结论，总结了本书存在的不足及今后的研究展望。

第二章　可持续经济增长概念的界定

可持续经济增长（sustainable economic growth）包括可持续和经济增长两个部分。现有研究中出现的可持续经济增长内涵并不完全相同，大致分为两类：广义的可持续经济增长强调经济增长本身的可持续性，即产出的非负稳态增长，环境只是影响经济增长可持续性的一个因素；狭义的可持续经济增长则专门强调经济增长与环境可持续之间的权衡关系。近十年来，越来越多的研究采用了狭义的可持续经济增长定义，本书研究的也正是狭义的可持续经济增长。

可持续经济增长是与环境可持续相协调的经济增长，而对于什么样的经济增长模式能够与环境可持续相协调，现有研究并没有给出明确回答。本章将在区分几个相关概念的基础上，从经济和环境两个维度界定可持续经济增长，为分析可持续经济增长的实现机理奠定基础。

第一节　绿色经济增长、环保型经济增长与可持续经济增长

环境恶化与经济增长的模式密切相关，除了可持续经济增长之外，理论界还提出过另外两种以协调经济系统与环境系统矛盾为目的的经济增长模式：一是绿色经济增长；二是环保型经济增长。

绿色经济增长强调在经济增长过程中要对环境给予足够的关注，“绿色”是广义的有利于环境的意思，根据“绿色”指代的对象，现有研究中出现的绿色经济增长概念又可分为两类：一类将绿色经济增长定义为不损害资源和环境的经济增长，并认为可以用生态 GDP 占 GDP 的比重来衡量经济增长的绿色程度；第二类则主要关注经济增长中的污染问题，将绿色经济增长定义为不增加污染压力的经济增长。其中，第二个定义占主流。例如，Murgai（2001）利用因子分析法实证检验了几种污染排放物与经济增长的关系，认为存在绿色经济增长的空间。Kwon（2001）通过内生经济增长模型研究了产出增长的污染路

径，得出绿色经济增长的长期和短期政策含义。

环保型经济增长的概念最早由我国学者焦必方（2001）提出，其认为，虽然集约型增长以对资源的充分利用、劳动生产率的不断提高及产品科技含量的增加来实现增长，依靠科技进步和严格、科学的管理对资源进行合理开发与利用，对生产废弃物的回收利用率较高，对资源破坏和环境污染较小，但集约型增长方式同粗放型增长方式一样，也只是把环境当做一个提供资源和容纳生产废弃物的载体，由于对经济增长的评价主要依靠经济指标，不能反映和监督经济增长过程中生态环境质量的变化，因此，要真正实现经济增长与环境质量的协调发展，仅仅将经济增长方式由粗放转为集约是不够的，必须将环境纳入经济增长过程，使其参与利润的分配，将环境保护与经济增长融为一体，实现环保型经济增长。Cairncross（2000）提出的环境友善型经济增长（environment friendlier economic growth）概念与环保型经济增长相类似，其认为，几乎所有的经济活动都会对环境造成损害，要想使经济增长有益于环境是不可能的，但可以通过技术进步、转变消费模式等方式尽量地降低经济增长的环境成本，用最小的环境代价换取最大的经济增长。

可持续经济增长与上述几个概念一样，都以解决经济增长引发的环境问题为出发点，但不同的是，可持续经济增长的理论基点是经济增长本身的合意性，更加强调以不损伤经济增长的方式维持环境的可持续。绿色经济增长和环保型经济增长的核心是环境，而可持续经济增长则对环境和经济增长给予了同样的权重，其包括双重含义：一是经济增长本身不能恶化环境；二是保护环境的可持续不能制约经济增长。第二重含义是可持续经济增长与上述几个概念的最根本区别。

此外，绿色经济增长、环保型经济增长等经济增长模式虽然提出要降低经济增长的环境成本，但并没有指明应当将环境成本降低到何种程度，而可持续经济增长则要求将经济增长的环境成本降到环境可持续的水平。由于环境可持续能够在一定程度上进行量化，所以与其他几个概念相比，可持续经济增长更容易与主流经济增长模型相融合。近期的理论研究之所以倾向于使用可持续经济增长这一概念，原因正在于此。

第二节　可持续经济增长的经济维度

可持续经济增长首先要求保持经济增长本身的可持续性，虽然社会、伦理、经济和环境等多种因素均会影响一国经济增长的持续能力，但在长期当中，环境无疑是决定经济能否持续增长的最重要因素。因此，在经济层面，可持续经济增长涉及的是环境对经济增长的贡献，以及如何在环境的约束下保持经济的持续增长。

一 环境与经济增长过程

经济增长离不开环境资源。在对环境贡献的分析上，主流经济增长理论普遍采用了如下形式的生产函数：

$$Y = F(K, L, E) \tag{2-1}$$

式中，K 为资本；L 为劳动；E 为广义的环境，可以是自然资源，也可以是污染（环境资产的使用量）。这种生产函数虽然明确考虑了环境对产出的贡献，但其暗含的假定却是，资本、劳动和环境三种生产要素彼此之间能够完全替代，自然资源存量耗竭和环境服务质量下降可以用资本和劳动等人造资本进行弥补。在完全替代的假设下，环境虽然是生产的投入，但其数量可以无限地减少，这显然违背了物质守恒定律和热力学第一定律。正因为如此，Daly（1999）等生态经济学家指出，现有的经济增长模型并没有真正关注环境，其对环境的分析只是一种骗人的伎俩。

Daly 等的意见虽然存在偏颇，却在一定程度上说明，环境对经济增长的多重贡献是无法用一两个数学公式表示清楚的。为了能够更为全面地分析环境对经济增长的贡献，而又不过多地增加理论研究的难度，本书引入了生态学中的自然资本概念。按照 Harte（1995）的定义，自然资本是能够在未来产出物品和服务的环境存量。从构成上看，自然资本分为三部分：①地表空间；②各种非人工生产出的物种，它们组成各种各样的生态系统；③地壳和大气中储存的物质存量，它们为生产提供原材料，并吸收各种废弃物。自然资本是经济增长的基础。没有自然资本，单靠劳动和物质资本是无法生产出物品和服务的，就如同厨师只有电饭锅而没有大米做不出米饭一样。

将环境具体化为自然资本之后，我们就可以将环境对经济增长的贡献看做是由自然资本存量提供的一系列物品和服务，引入环境因素的经济增长过程如图 2-1 所示。

经济增长的实质是一个经济产出的增长，而产出的形成则是多种生产要素组合的结果。与现有分析不同，我们把生产要素看做是资本提供的服务流量，将一个经济的资本存量细分为自然资本、人力资本和物质资本三部分。物资资本（MC）包括工具、设备、建筑物等，其为生产过程提供传统意义上的资本 K；人力资本由劳动者的能力和技能构成，其提供的要素服务流为 L。与物质资本和人力资本相比，自然资本对产出的贡献较为复杂，其发挥着三种功能：一是为生产提供自然资源（E）；二是吸收生产和消费过程产生的污染和废弃物（W）；三是提供基本的环境服务（ES），包括气候和生态系统稳定性、环境舒适服务、遮挡臭氧层紫外线辐射等。前两种功能与生产过程直接相关，第三种功能虽然与生产过程没有直接关系，却决定着生产活动的背景条件，并直接作用于经济个体的效用和福利。

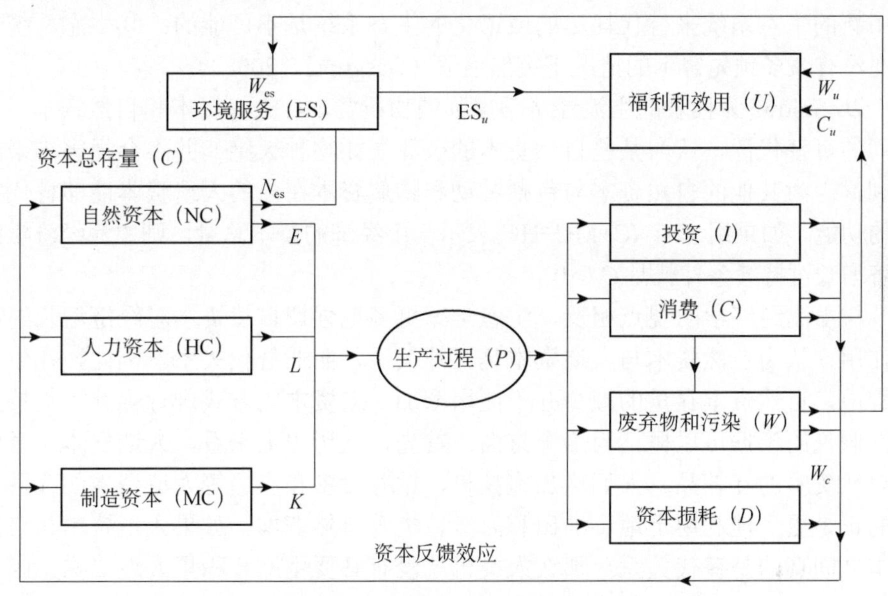

图 2-1　环境与经济增长过程

我们将一个经济的产出按照对社会福利的影响分为合意产出和非合意产出两部分，合意产出包括消费（C）和投资（I），投资不直接增加福利，其作用是提高资本存量，保持经济增长的能力。非合意产出由污染（W）和资本损耗（D）两部分构成，它们会减少一个经济的资本存量，可以视为负投资。由于物质和能量守恒定律，生产过程的任何一种投入必定要以某种形式转化为产出，而所有产出最终又会影响资本存量，尤其是自然资本存量。

二　经济增长的可持续路径

在经济层面，可持续经济增长通常被定义为在环境资源的约束下人均产出的非负稳态增长。由图 2-1 可知，一个经济的产出由物质资本、人力资本和自然资本三类资本的生产能力决定，因此，要想保证经济增长本身的可持续性，必须保持资本存量的代际非递减，即一个经济的净投资必须为正。然而，这又提出了一个问题：是应当保持资本总量不变，还是应当在保持资本总量不变的前提下，保证每一类资本的存量不变。

对于这个问题，现有研究存在很大分歧，而争论的焦点则是自然资本。这是因为，自然资本被错误使用或过度使用时会贬值，这一点与可再生的资本资产是相同的，不同之处在于：①自然资本的贬值往往是不可逆的（或即使是在最理想的状态下也要很长时间才能恢复）；②除了在极为有限的意义上，否则要使用新的生态系统来替代耗尽的或退化的生态系统是不可能的；③生态系统可以在没有太多预先警示的情况下突然崩溃（Dasgupta，2008）。

以 Solow 为代表的主流经济学家强调物质资本、人力资本和自然资本三者之间的可替代性，认为某些自然资本的破坏（如物种灭绝）并不会损害未来的福利，因为其他的自然资本与包括劳动和物质资本在内的人造资本能够替代它们的功能。如果用 C=NC+MC+HC 表示一个经济的资本总量，则主流经济学的经济增长可持续条件就是 $\dot{C}\geqslant 0$ 。

与主流经济学的观点相反，生态学家更多地强调自然资本对经济增长的特殊作用，认为自然资本与人造资本是互补关系，而非替代关系。因此，在生产过程中，自然资本存量的减少并不能用增加人造资本的方式进行弥补。支持互补性假说的论据可以概括为三个方面。首先，从历史上来看，人造资本一直就是自然资本的互补品。人们增加拖拉机、钻井设备和渔船等人造资本的存量，目的正是更多地利用土地、油田和海洋鱼类等自然资本。如果人造资本与自然资本之间真的是替代关系，那么人类也就没有必要生产和积累人造资本，因为其替代品早已存在了。其次，生产是一个利用能量将物质转化为物品和服务的过程。劳动力和机器设备等人造资本是转换过程的实施者，而由自然资本提供的能量、物质和服务则是转换的对象。以造纸为例，如果不向机器里添加木材，而只是增加纸浆机的数量，并不能生产出更多的纸浆。从这个角度来看，自然资本和人造资本显然是互补关系。最后，人造资本的生产本身也需要自然资本。不管是生产机器设备，还是生产人力资本，都需要来自自然资本的物质和能量。因此，生产的人造资本越多，需要的自然资本也越多。基于上述论据，生态学家认为，由于环境系统固有的不可逆性和不确定性，人造资本替代自然资本的能力十分有限，保证经济增长的可持续性除了保持资本总量不变之外，必须保持自然资本存量的代际非递减，即 $\dot{C}\geqslant 0$ ， $\mathrm{N\dot{C}}\geqslant 0$ 。

不难看出，主流经济学家的弱可持续标准和生态学家的强可持续标准争论的核心问题是，在技术进步的作用下人造资本能否替代自然资本。经济学家对此持肯定态度，而生态学家则持否定态度。从大量实际数据来看，完全替代和完全非替代的假设都存在偏颇之处。人造资本能够替代某些自然资本，但并不是所有的自然资本都能够被人造资本替代，很难确定二者之间的替代弹性到底有多大。单纯追究替代问题只会将研究引入一个无法摆脱的怪圈，对于政策实践的指导意义非常有限。

事实上，可持续问题的提出源于工业社会以来经济高速增长引发的环境恶化。可持续经济增长作为可持续发展理念的具体化和应用，其核心是要改变传统的经济增长-环境恶化范式，实现经济增长和环境的双赢。自然资本和人造资本之间的替代弹性决定了在实现可持续经济增长的过程中自然资本和人造资本的组合比例，但并不影响可持续经济增长的本质和增长路径的外在特征。因此，本书没有使用传统的基于替代性假设的可持续标准，而是直接在经济层面上将可持续经济增长定义为不恶化或者能够减轻环境压力的经济增长。这里的可持续经济增长包括两个要素：一是持续的经济增长；二是环境压力减轻，或至少不加剧。在这一框架内，可持续性的衡量指标为真实储蓄率：

$$s_t = \frac{\mathrm{GDP}_t(1-c_t) - K_t\delta_t + (N_t R - n_t) + h_t}{\mathrm{GDP}_t} \tag{2-2}$$

式中，c_t是 GDP 中用于消费的比例；$K_t\delta_t$是时期t物质资本的折旧量；N_t是时期t的自然资本存量；n_t是时期t消耗的自然资本；R是自然资本的再生率；h_t是时期t的人力资本投资。设d_t为自然资本消耗率，$d_t = n_t/\mathrm{GDP}_t$；η是自然资本的生态临界值，即满足环境可持续标准的自然资本存量；d_0是能够使$N_t \geqslant \eta$的自然资本消耗率，我们给出可持续经济增长路径的两种标准。

（1）弱可持续经济增长路径：s_t向非负状态收敛、$\dot{d}_t \leqslant 0$的经济增长路径，其中$\dot{d}_t$为d_t随时间的变化率。

（2）强可持续经济增长路径：s_t向非负状态收敛、$d_t \leqslant d_0$的经济增长路径，即经济增长的环境压力控制在环境可持续水平之内的经济增长路径。

第三节　可持续经济增长的环境维度

一　环境可持续的界定

可持续经济增长要求将经济增长的环境压力限制在环境可持续的水平，如何确定环境可持续的标准，即式（2-2）中的d_0，是界定可持续经济增长模式需要解决的另一个关键问题。虽然生态意义的环境可持续通常侧重于生态系统的自然生物过程和生产力与生态功能的连续性，但对于经济增长而言，环境可持续则是指维持自然资本持续为经济提供必要投入的能力。在现有的可持续经济增长研究中，环境可持续往往被等同于自然资本存量的稳定性，或关键自然资本存量（critical natural capital）的稳定性。两种界定方式均暗含着人造资本无法替代自然资本的假设。由于自然资本包括多种不同的环境要素，无法准确加总计量，用这种方式界定环境可持续也很难对实际经济增长路径的环境可持续程度进行监控。

由图 2-1 可知，环境对经济活动的最主要贡献是以自然资本的形式提供一系列环境功能。较为经典的分类标准是，de Groot（1992）给出了 37 种环境功能，并将之分为调节、承载、生产和信息四类。近期国内外研究还强调了环境的一些特殊功能，如对劳动生产率的重要影响（Zivin and Neidell，2011；Hanna et al.，2011；杨俊和盛鹏飞，2012），认为环境污染一方面通过影响劳动者的身体健康降低了人力资本质量和劳动生产率；另一方面通过影响劳动力市场供给间接影响了生产率。我们则将环境功能分为提供资源、吸收污染和提供环境服务三类。这几种分类并不矛盾。资源功能与第一种分类中的生产功能相当，并包括一部分承载功能；污染吸收功能被包括在调节功能中，环境服务的供给则涵盖了信息功能、部分调节功能和承载功能。随着产出的增长和经济活动规模的扩大，不同环境功能之间的竞争和冲突日益激烈，要想使用一种环境功能往往不得不放弃其他的环境功能，损失的环境功能成为选定功能的机会成本。正是在这个意义上，环境成为一种日益稀缺的经济要素。

环境和经济增长之间的相互作用主要体现在环境功能上，因此，本书没有从维持自然资本存量不变的角度定义环境可持续，而是将环境可持续定义为重要的环境功能的稳定性。以这种方式定义环境可持续除了易于对经济增长路径的环境可持续程度进行监控之外，还可以回避有关自然资本与人造资本替代性的争论。如果人造资本能够与其所替代的自然资本执行同样的环境功能，那么当自然资本存量减少的时候，维持环境可持续就必须增加人造资本的存量。显然，只执行一种资源功能的自然资本（如能源）要比同时执行多种环境功能（如雨林）的自然资本更容易被人造资本替代。当技术进步使得较少的自然资本能够发挥同样的环境功能时，加快技术进步也可以弥补自然资本存量下降的损失，从而保证环境的可持续。

二 环境可持续的原则

从功能角度，维持环境可持续就是要保持环境功能的可持续性。由于环境系统固有的不确定性和不可逆性，一种环境功能一旦丧失，往往难以复原，并可能造成非常大的损失。在这种情况下，对于如何使用环境资源才能保持环境的可持续，Ciriacy-Wantrup（1952）提出了最低安全标准（SMS）原则，认为很多自然资源，尤其是可再生资源都存在着极限区，当资源存量位于极限区之下时，资源的减少在经济上具有不可逆性（阻止资源的减少需要付出极大的成本），一个经济在使用环境资源时，只应接受适度的损失，必须避免可能的极大损失，即便发生这种极大损失的可能性很小。在经济增长过程中，如果开发环境资源有可能导致极大的环境损失，就应当放弃开发，选择保存环境资源。

Bishop（1978）将环境的全部经济价值（TEM）分析框架与 SMS 方法结合在一起，他指出，环境的全部经济价值虽然包括使用、期权和存在价值三部分，但期权价值和存在价值是无法衡量的。假定从事一项经济活动的净财务收益为 B_d，引起的环境总损失为 B_p，B_p 中能够衡量的部分为 B_p'。按照成本-收益原则，从事该经济活动的必要条件是 $B_d - B_p > 0$，但 B_p 是未知的，实际当中能够比较的只是 B_d 和 B_p'。如果严格遵照 SMS 原则，只要该经济活动有可能导致不可逆的巨大环境损失，不管（$B_d - B_p'$）如何大，都应放弃该活动。Bishop 认为这样做过于苛刻，其将 Ciriacy-Wantrup 的 SMS 原则修正为，当遵守 SMS 的社会成本（$B_d - B_p'$）大到无法接受的程度时，可以放弃 SMS 原则。也就是说，一个经济可以从事可能导致其他环境损失的经济活动，但前提是该经济活动的收益与环境损失相比要足够大。

修正的最低安全标准虽然放宽了环境资源的使用条件，但仍然认为，由于环境系统的不确定性和对经济活动的重要影响，一个经济应当以极其审慎的方式使用环境资源，使可能的最大环境损失最小化。现有研究通常认为，应当将环境存量保持在有效率的水平上，有效率的环境水平则取决于环境损害成本和环境治理成本。然而，因为环境损害成本无法准确估算，经济个体又普遍存在着低估环境损害成本的倾向，有效率的环境水平并不是可持续的环境水平。在标准的成本-收益分析难以保证环境可持续的情况下，最低安全标准原则成为保持环境可持续所应遵循的基本原则，即保持环境功能的稳定性，最大可能地降低经济增长的环境成本，避免不可逆的环境损失。

对于如何才能避免不可逆的环境损失，Daly（1991）提出了三条具体原则：①将经济活动的规模限制在地球的承载能力之内；②可再生资源的开采速度不能超过其再生速度，污染排放量不能超过环境的吸收能力；③不可再生资源的开采速度不能超过可再生的替代品的生产速度。Turner（1993）的观点与 Daly 相似，但其特别强调，在面临不确定性的时候，要采取谨慎和预防的方法。

承载能力本身是个复杂的概念，无法直接用于推导环境可持续的标准，因此，我们结合本书对环境功能的分类，将 Daly /Turner 原则重新进行了界定。

（1）保持环境特征的稳定性，特别要稳定大气中的温室气体排放量，防止气候变化，停止排放消耗臭氧的物质，保护臭氧层。

（2）生物多样性是决定环境系统生产率和恢复力的关键因素，因此，必须保护重要的生态系统，维持生物的多样性。

（3）可再生资源的开采量必须小于或等于其增长量，以达到某一预定的数量规模。通过维持土地的肥力、生态圈和严格执行可持续开采，培育可再生资源的再生能力。可持续开采应包括两方面：一是根据对资源存量最保守的估计决定开采速度；二是使用不会破坏相关生态系统的开采技术。

（4）消耗不可再生资源时，应当将维持资源的最低寿命期和开发替代品结合在一起。开采不可再生资源获得的收入除用于消费之外，必须将其中的一部分用于投资研发可再生的替代物。

（5）排放到空气、水域和土壤中的污染物数量不能超过这些吸收介质的吸收、中和及循环的能力。当污染物之间的相互作用存在不确定性、难以确定吸收介质的临界能力时，应按照最低安全标准采取审慎的做法。

（6）必须将经济活动可能引起的环境风险控制在最低水平，禁止使用威胁生态系统稳定性的技术。

在以上六个可持续原则中，（1）（2）针对的是环境系统的环境服务功能，（3）（4）针对的是环境系统的资源提供功能，（5）针对的是环境系统的污染吸收功能，（6）则强调的是环境系统变化的不确定性和阈值效应。

三 环境可持续的标准

为了能够根据环境可持续的基本原则推导出环境可持续的具体标准，我们将图 2-1 中有关自然资本的部分单独剥离出来，形成图 2-2，自然资本按功能细分为三类：提供资源的 NC1、提供环境服务的 NC2 和吸收废弃物的一般意义上的自然资本 NC。

1. 服务和吸收功能的可持续标准

由图 2-2 可以看出，生产和消费活动会产生各种废弃物，这些废弃物最终排放到环境系统中，形成污染，影响着环境服务的质量和环境系统的吸收功能。按照可持续原则（1）和（5），保持这两类环境功能的稳定性，需要保证：

$$W_{es} \leqslant A_{es} \tag{2-3}$$

$$W_{nc} \leqslant A_{nc} \tag{2-4}$$

其中，W_{es} 和 W_{nc} 为废弃物排放量，前者直接影响环境服务的质量，后者则影响提供这些环境服务的自然资本存量。A_{es} 和 A_{nc} 是相应环境吸收介质的吸收或中和能力。

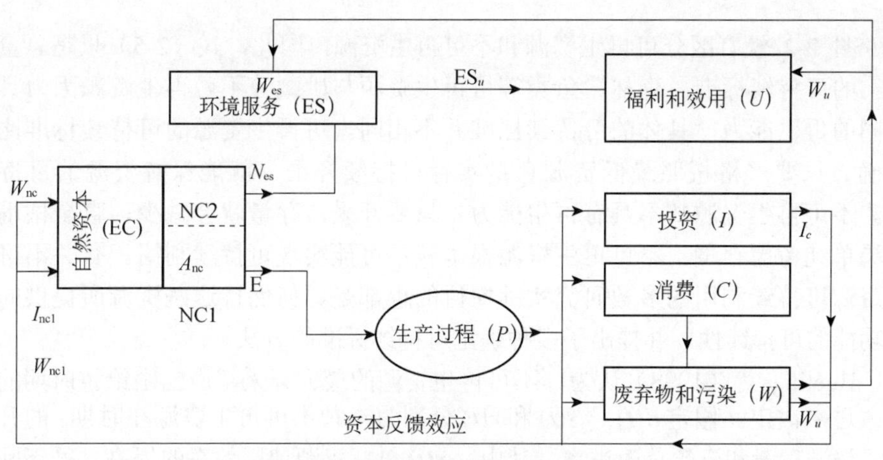

图 2-2 自然资本与经济增长过程

需要强调的是，并不是所有的废弃物都会造成污染。只有当废弃物排放量超过环境的吸收、中和及循环能力时，才会产生真正意义上的污染。在没有人类活动干预的纯生态经济中，并不存在污染。任何一个过程产生的废弃物都会通过相互联结的生态链条转换成另一个过程的资源。因此，A_{es} 和 A_{nc} 是环境系统吸收废弃物的极限量。

区分 W_{es}、W_{nc} 与 A_{es}、A_{nc} 非常重要。废弃物 W_{nc} 影响的是生产环境服务的自然资本存量，W_{es} 影响的则是环境服务本身。例如，使气候发生根本性变化的污染排放物属于 W_{nc}，而导致雾天的污染排放物则属于 W_{es}。二者虽然都影响环境功能，但 W_{nc} 对自然资本存量造成的影响更加难以修复。另外，与所提供的环境服务相比，自然资本存量本身的稳定性更高，即 $A_{nc}>A_{es}$。当前的环境问题之所以严重，正是因为经济活动产生的废弃物已不仅影响到了环境服务，还使关键的自然资本存量发生了严重的退化。

生物多样性也是环境服务的一个重要方面。由于物种灭绝产生的后果具有不可逆性和不确定性，根据可持续原则（2），理论上应当确保已知的任何一个物种都不会灭绝。

2. 资源功能的可持续标准

环境系统为经济活动提供大量的资源。如图 2-2 所示，满足可持续原则（3）和（4）的资源功能的可持续标准为

$$E \leqslant I_{nc1} + W_{nc1} \tag{2-5}$$

式中，E 为资源总流出量，包括可再生资源和不可再生资源；I_{nc1} 为投资形成的资源增量，包括人工或自然再生过程产出的可再生资源，新发现的不可再生资源，以及新技术、新材料或新生产工艺节约的资源。W_{nc1} 则是产出的废弃物通过循环形成的资源增量。

图 2-2 没有区分可再生资源和不可再生资源，因此，式（2-5）只是总量意义上的可持续标准。森林、鱼类等可再生资源与矿藏等不可再生资源因为具有不同的再生能力，具体的可持续标准并不相同。可再生资源的可持续标准比较明确，只要严格按照最低资源存量实行可持续开采，就能保持资源的可持续性。不可再生资源却不具有再生能力，只要开采，存量就会减少，直至枯竭。如果单纯考虑存量，不可再生资源根本就不可能实现可持续利用。有关不可再生资源可持续利用的多数研究实际探讨的也都是如何保持这些资源所提供的环境功能的可持续性，并提出了多种确定可持续标准的方法。

Hueting 等（1998）认为，不可再生资源的最大开采率应当由给定时期的资源改进率决定。假定 $d(t)$ 、$s(t)$ 和 $r(t)$ 分别为一种不可再生资源在时期 t 的开采率、资源存量和资源总改进率，其中，$r(t)$ 包括资源使用效率的提高、循环回收效率的提高，以及替代品研发的新进展，则可持续开采的具体标准为

$$d(t) \leqslant r(t) \cdot s(t) \tag{2-6}$$

事实上，从环境功能的角度，$d(t)$ 并不是衡量不可再生资源可持续性的最佳指标。相反，资源在使用过程中的废弃物形成率 w 能够直接反映资源的损失，即不能执行相应环境功能的部分，因此，与可持续性的联系更为密切。

考虑一个两阶段的不可再生资源开采模型。假定 S_0 为第一个时期期初尚未开采的不可再生资源存量；S_1 为第二个时期期初尚未开采的不可再生资源存量；d_i 为相应时期内的资源开采量；R_i 为替代该资源的可再生资源存量；C_i 为可以使用的不可再生资源存量；e_i 为单位资源提供的经济/环境服务的水平，即资源的使用效率；w_i 为相应时期以废弃物形式处理掉的资源数量；a_i 为反映可再生资源再生能力的乘数；ES_i 为该不可再生资源在相应时期提供的环境功能，则有

$$\mathrm{ES}_0 = e_0(S_0 + R_0 + C_0) \tag{2-7}$$

$$\mathrm{ES}_1 = e_1(S_1 + R_1 + C_1) \tag{2-8}$$

因为 $S_1 = S_0 - d_0$ ， $R_1 = a_0 R_0$ ， $C_1 = C_0 + d_0 - w_0$ ，将其代入式（2-7），可以得到：

$$\mathrm{ES}_1 = e_1(S_0 + a_0 R_0 + C_0 - w_0) \tag{2-9}$$

可持续要求 $\mathrm{ES}_1 \geqslant \mathrm{ES}_0$ ，因此，资源当期的废弃物率需要满足：

$$w_0 \leqslant \left(1 - e_0 / e_1\right)(S_0 + C_0) + (a_0 - e_0 / e_1)R_0 \tag{2-10}$$

如果将可再生资源的增长看做是资源使用效率提高的一部分，并且假定 $w_0 = d_0$，即资源的开采量就是资源的消耗量，不存在回收利用的可能，则式（2-10）也可以简化为 Hueting 方程。

确定不可再生资源可持续标准的另一种方法是最低寿命期法。不可再生资

源的寿命期是指一种资源的经济储量可维持人类利用的时间。假定最低寿命期为 $L_{\min}$，d_1 为时期 1 的开采率，当期的资源存量为 S_1，则

$$d_1 \leqslant S_1 / L_{\min} \tag{2-11}$$

如果时期 1 新发现的资源存量为 D_1，则时期 2 的资源存量可以表示为 $S_2 = (S_1 - d_1) + D_1$。可持续要求资源在不同时期具有不变的最低寿命期，即

$$L_{\min} = S_1 / d_1 = S_2 / d_2 \tag{2-12}$$

因此，当一个经济按照最大开采量使用不可再生资源时，保持资源的可持续要求：

$$d_2 = d_1[1 + (D_1 - d_1) / S_1] \tag{2-13}$$

不难看出，Hueting 方法与最低寿命期法给出的不可再生资源可持续标准存在明显区别。Hueting 方法要求保持包括替代品在内的不可再生资源存量执行相应环境功能的能力，以保证未来各期的环境功能不会低于当期的水平。只有当技术进步能够使剩下的资源存量（包括替代品）发挥与初始存量相同的环境功能时，资源消耗才是可持续的。未预期到的资源新发现虽然会增加资源存量，提高环境功能，但是，如果既没有技术进步，也没有新的替代品出现，不管一个时期新发现的资源存量有多大，可持续的资源消耗量都应为 0。最低寿命期法对环境功能的保持则只限定在某一既定的时间范围内。如果一种资源的最低寿命期定为 50 年，那么只需要将当前的环境功能保持 50 年。如果在此期间发现了新的资源储量，开采率会相应上升。若没有资源新发现，各年的开采率将呈递减的路径。

Hueting 方法和最低寿命期法给出的可持续标准虽然不同，但针对的都是不可再生资源的开采问题，而 Serafy（1989）则将研究视角转向了不可再生资源开采收入的分配，其认为，开采不可再生资源相当于自然资本的贴现，开采的所得不能都作为当期的收入，必须将其中的一部分用于投资生产替代品或寻找其他的资源，以保证未来各期与当期具有不变的收入流。假定 R 为开采资源的全部所得，I 为投资的部分，r 为贴现率，n 为资源的预期寿命，则 Serafy 给出的可持续标准为

$$I / R = 1 / (1 + r)^{n+1} \tag{2-14}$$

显然，Serafy 标准容许一种不可再生资源的存量完全枯竭，前提是经济要能从其他资源中获得同样的收入流。但是，收入流相同并不代表其他资源能够完全替代枯竭的不可再生资源，除非二者执行的环境功能完全相同，否则，Serafy 标准将不能保持环境功能的代际非递减。

由于本书将环境可持续定义为环境功能的代际非递减，所以在上述三种方法中，Hueting 方法给出的不可再生资源可持续标准最为合适。从本质上看，不

可再生资源提供的环境功能完全取决于资源的存量。资源的新发现增加了已知的资源存量，需要保持的环境功能水平自然也应上调。只有循环利用、提高资源使用效率和研制替代品才能真正提高既定资源存量的环境功能，是决定不可再生资源可持续利用的最根本力量。为了使不可再生资源未来提供的环境功能不低于当期的水平，必须确保各期的资源消耗率低于资源的改进率。

第三章 可持续经济增长的收敛机制

第二章从经济和环境两个维度对可持续经济增长的内涵和路径进行了界定，可持续经济增长的核心是要解决环境可持续与经济增长的矛盾，如果说界定可持续经济增长只是明确了什么样的经济增长模式能够与环境可持续相协调的话，本章则要研究如何才能使经济增长与环境可持续相协调，具体包括两个方面：一是经济增长能否不影响环境的可持续；二是保护环境的可持续能否不制约经济的增长。

第一章指出，对于可持续经济增长这一状态可否实现这一问题，各方学者众说纷纭，莫衷一是，而作为本书的创新点之一，本章没有将可持续经济增长看做一种静止状态，而是将其视为一个动态的“做”的过程，因此，与现有的基于经济增长模型的研究不同，本章采用假设驱动的方法，在假定存在可持续经济增长路径的前提下，重点分析当前的经济增长路径向可持续经济增长路径收敛的决定因素和条件。我们的研究将表明，经济增长与环境可持续存在协调的空间，经济增长路径能否向可持续经济增长路径收敛，要取决于经济增长过程中规模效应、结构效应和技术效应的相对强弱，尤其是技术效应。当保护环境需要付出成本时，实现可持续经济增长要靠消除经济中普遍存在的双重政府失灵和双重市场失灵。

另外，本章对可持续经济增长收敛机制的研究引申出了两个重要问题：可持续经济增长的收敛是否具有自发性和厂商的技术决策对绿色技术进步的影响，这将成为本书第四章和第五章的研究内容。

第一节　经济增长路径向可持续路径收敛的条件

一　可持续经济增长对环境压力的要求

由第二章可知，所有的经济活动都需要使用三类环境功能：提供原材料和能量等要素投入、吸收废物及维持生命支持系统的环境服务。以 GDP 衡量的经济增长通过开采自然资源、排放废物等方式直接影响着这三类环境功能的质量和稳定性，这些影响的总和被称为环境压力。目前关于环境压力的研究有很多，大多数是对特定地区特定时期环境压力的测量，使用较多的方法有能值分析（EMA）、生命周期分析（LCA）、单位服务的物质投入（MIPS）、物质流核算与分析（MFA）、生态足迹（EF）等，以及在此基础上进行的扩展，如顾晓薇等（2005）基于国家尺度的社会代谢物质流、地理面积、净生态面积和标准生态面积构建出的一国环境所能承受的环境压力总量指标体系——环境载荷和环境压强。这些指标和方法具有各自的视角、应用范畴和价值，但核心都是将环境压力定义为人类活动引起的、能够造成环境服务功能退化的对环境状态的扰动力。本书将对可持续经济增长的界定与环境压力结合在一起，不难看出，可持续经济增长就是将环境压力控制在环境可持续水平之内的经济增长。因此，分析可持续经济增长的实现机理，必须揭示经济增长与环境压力之间的关系。

Daly 在其创建的宏观环境经济学中，提出了与传统经济学中的经济规模相对应的环境规模（environmental relevant scale）概念。一个经济在时期 t 的环境规模 S_t 被定义为人口数量 P_t 和人均环境压力 B_t 的乘积，即

$$S_t = P_t \cdot B_t \tag{3-1}$$

式中，S_t 衡量的是一个经济的生物物理产出规模，包括环境向经济提供的资源投入 M 和经济向环境排放的废物 W；B_t 是这两种环境压力的总和，如果将 B_t 进一步分解成人均收入 y_t 和单位收入的环境压力系数 e_t，式（3-1）可变为

$$S_t(M,W) = P_t \cdot y_t \cdot e_t(M,W) \tag{3-2}$$

因此，S_t 实质上是产出导致的环境总压力。Daly 认为，一个经济的环境规模应当保持在适度的范围内，不能超出环境利用空间（EUS）对 M 和 W 设定的可持续边界。假定初始的自然资本存量为 N_0，如果某一时点的环境规模 S_t 超出了可持续边界，自然资本存量会下降，即 $N_t < N_0$，与自然资本相关的环境承载力将低于初始水平。

本书参照美国政治哲学家约翰·罗尔斯在其著作《正义论》中提出的观点——“当代人有责任让子孙后代能够生活在优美的自然环境之中”——将环境可持续定义为环境功能的代际非递减（又称环境代际公平），强调每代人都有均等享有其健康和福利等要素不受侵害的环境权利，任何个人或集团不必被迫承担和其行为不成比例的环境后果。因此，我们将 Daly 理论中的环境利用空间具体化为第二章的环境可持续标准。假定时期 t 的环境功能水平为 E_t，E_t 将取决于前一期的环境功能水平 E_{t-1}，以及当期消耗的自然资源 M_t 和排放的废物 W_t，即

$$E_t = f(M_t, W_t, E_{t-1}) \tag{3-3}$$

式中，函数 $f(\cdot)$ 代表的是环境系统的自我更新过程，包括不可再生资源的再

生、环境对废物的吸收、循环等。函数的具体形式与研究对象具体紧密相关，如河流水质 S-P 模型中，涉及的有生化需氧量（BOD）、溶氧量（DO）等变量，水体营养物质负荷模型涉及输出污染物总量、输入污染物总量、平均湖水深度、水流停留时间、湖水单位面积营养负荷等变量（Vollenweider，1968），大气扩散模型涉及有效烟囱高度、烟囱高度上大气平均风速、污染物浓度、横向扩散参数、铅垂向扩散参数等变量，此外还有光化学烟雾箱模型等，在此不一一赘述。鉴于本书研究的是一般性情况，因此不对 $f(\cdot)$ 的具体形式进行规定。

将环境压力 S_t 引入式（3-3），则环境功能随时间的动态变化可以表示为

$$\dot{E}=\frac{\mathrm{d}E}{\mathrm{d}t}=f(E_t)-S(M_t,W_t) \tag{3-4}$$

环境可持续要求保证环境功能的代际非递减，既 $\dot{E}\geqslant 0$。将这一条件代入式（3-4）可以得到：

$$S(M_t,W_t)\leqslant f(E_t) \tag{3-5}$$

式（3-5）说明，要想保持环境功能的代际非递减，经济增长引起的环境压力必须小于环境系统的更新能力。需要说明的是，对于环境系统更新能力的定义有狭义和广义之分，狭义的理解专指生态系统的自我调节机制，即系统在达到动态平衡的最稳定状态时，能够通过正负反馈调节来克服和消除外来干扰、维持自己的正常功能，广义的理解则不仅包括环境系统的自然再生和循环过程，还包括技术进步对环境功能的替代和改进。本书对环境系统更新能力的定义采用后者。

二　经济增长路径向可持续路径收敛的基本条件

从上面的分析可以看出，当经济增长的环境压力没有超出环境系统的更新能力时，经济增长不会影响环境的可持续。工业社会之前，经济增长与环境之间的关系大体就属于这种情况。

但自 18 世纪下半叶起，首先是英国而后是欧洲其他国家进而是美国、日本等都相继经历了工业革命后，污染问题开始初露端倪。据梅雪芹（2000）的研究，英国的水体污染十分普遍。19 世纪末及 20 世纪初的美国工业中心城市，如芝加哥、匹兹堡、圣路易斯、辛辛那提等，煤烟污染相当严重。同时期德国空气质量状况甚至更差，植物枯死，晾晒的衣服变黑，即使白昼也需要人工照明；水质污染导致鲟鱼、鲑鱼等敏感型鱼类大量死亡。此外还有 1892 年汉堡因水污染导致的霍乱、明治时期日本的铜矿毒屑毒水污染土壤等事件，都导致成千上万民众流离失所甚至丧生。尽管如此，这一时期的环境污染源头较少、范围不广，尚处于初发阶段。

20 世纪 20～40 年代，随着汽车工业和石油与有机化工的发展，污染范围逐步扩大，危害程度持续加重，出现了比利时的马斯河谷事件、美国的多诺拉事件、洛杉矶光化学烟雾事件等，患者和死亡人数逐年上升，后被称为“公害发展期”。50～70 年代的战后恢复发展期，工业化和城市化的推进一方面造成了资源的大量消耗，另一方面带来了废弃物的大爆发，环境污染危机更加明显，公害事件层出不穷，如 1953 年日本水俣病、1952 年伦敦烟雾杀手、1955～1972 年日本痛痛病、美国三英里岛事件等，后被称为“公害泛滥期”。

近一个世纪以来，环境问题越来越突出，正是因为经济增长速度的加快和生产方式的变化使环境压力不断上升，已经超出了环境系统的更新能力。协调经济增长与环境可持续之间的矛盾，必须将经济增长与环境压力的增长脱离开来，使经济增长的同时，环境压力能够不断减轻，最终稳定到可持续的水平。

假定一个经济的总产出为 Y_t，单位产出的环境压力系数为 e_t，其由资源密度（M_t/Y_t）和污染密度（W_t/Y_t）决定，式（3-1）可以改写为

$$S_t = e_t \cdot Y_t \tag{3-6}$$

将式（3-6）对时间求导能够得到环境压力与经济增长的动态关系：

$$\dot{S}_t = Y_t \cdot \dot{e}_t + e_t \cdot \dot{Y}_t \tag{3-7}$$

其中，$\dot{S}_t$、$\dot{Y}_t$ 和 $\dot{e}_t$ 分别是三个变量相对于时间的导数。从中可以看出，要想在经济增长的同时环境压力能够减轻，需满足的必要条件是

$$\dot{e}_t < 0 \tag{3-8}$$

即单位产出的环境压力必须随时间的推移而减轻。

那么，经济当中是否存在着减轻 e_t 的空间呢？Lecomber 等的理论研究表明，有三种变化能够减轻单位产出的环境压力：①改变产出结构，减少环境有害产品的生产，多生产服务等环境压力小的产品；②用环境损害程度小的生产要素替代环境损害程度大的生产要素，如用可再生能源替代化石燃料；③通过技术进步提高资源的使用效率。当一个经济在增长过程中由于政府的干预或是自发地发生了上述变化时，单位产出的环境压力将有可能减轻。世界银行的研究也得出了相似的结论，认为经济增长能否克服环境的限制，取决于结构、替代和技术进步的幅度。国内学者则针对中国国情进行研究，结论也相差无几，如洪大用（2012）从环境社会学角度出发，正面评价了近年来国家在经济增长过程中不断强化环境保护、追求二者相协调的生态现代化取向若干实践，认为确实导致了双赢趋势的显现，单位 GDP 的能源消耗由 1990 年的 52873 吨标准煤（每亿元 GDP）持续下降到 2010 年的约 8099 吨标准煤。杨继生等（2013）构建了经济增长的环境和社会健康成本测度模型，分析表明除可量化的经济因素外，法制和社会意识进步等社会环境因素对环境污染也起到遏制作用，但该

作用在2008年以后较之前显著弱化。

然而，e_t反映的只是单位产出的环境压力，在经济增长时，即便e_t因为结构、替代和技术进步而减轻，总体环境压力仍有可能增加。由式（3-7）可以推出，要想使总体环境压力减轻，除了满足式（3-8）之外，还必须保证：

$$Y_t \cdot \dot{e}_t + e_t \cdot \dot{Y}_t < 0 \tag{3-9}$$

$$-\frac{\dot{e}_t}{e_t} > \frac{\dot{Y}_t}{Y_t} \tag{3-10}$$

即单位产出的环境压力的减轻速度必须快于经济增长的速度。如果e_t的下降速度低于 GDP 的增长率，那么，单位产出的环境压力虽然在减轻，经济增长导致的总体环境压力却仍然会增加。

三 基本条件的扩展

可持续经济增长首先要求经济增长不能影响环境的可持续，假定经济当中存在着可持续经济增长路径，则从上面的分析不难看出，要想使现有经济增长路径向可持续路径收敛，就必须按照式（3-9）的要求减轻经济增长的环境压力。然而，如果减轻环境压力需要一个经济付出额外的成本，保护环境的可持续将减少经济用于生产其他物品和劳务的资源，从而降低经济增长的速度，这并不符合可持续经济增长的第二个条件：保护环境可持续不能影响经济的增长。

很多研究发现，在实际当中，为提高环境的可持续性而采取的多数措施会制约经济增长。Christainsen 和 Tietenberg（1985）将保护环境可持续对经济增长的负面影响概括为五个方面：①用于治理污染和研制替代品的投资会挤掉经济当中的其他投资；②如果政府对新建的工厂制定更为严格的环境标准，企业将延长使用老工厂，导致企业的生产率下降；③污染处理设备需要人员操作和维护，相应人员的劳动并没有对企业的产出形成贡献；④企业的管理人员花在研究和遵守政府环境政策上的时间和精力对企业的产出毫无贡献；⑤当前和未来环境政策的不确定性将抑制企业的投资。而对于环境质量改善所能给经济增长带来的正面影响，Christainsen 和 Tietenberg 只列出了一点，改善工人的健康。他们针对美国的经验研究数据发现，在 20 世纪 70 年代，美国经济增长的放慢至少有 8%～12%归因于环境管制，换句话说，保护环境的可持续使美国这一时期的经济增长率下降了 0.2～0.3 个百分点。

Jorgenson 和 Wilcoxen（1990）稍后的研究表明，污染治理耗费了美国的大量资源，环境管制使美国 1973～1985 年的年均经济增长率下降了 0.19 个百分点。OECD（经济合作与发展组织）的研究发现，环境管制对经济增长的影响是多重的。一方面，花在污染治理、替代品研发上的额外投资会创造出额外的需求，刺激产出和就业；另一方面，环境管制又会增加企业的成本，导致产品的市场价格上升，从而抑制需求，制约一国 GDP 的增长。总体来看，保护环境可持续对多数 OECD 成员方经济增长的负面影响较小，仅使这些国家的经济增长速度下降了 0.1～0.2 个百分点。彭辉安（2013）以中国漓江地区为研究对象，认为严格生态环境保护措施不可避免地存在负外部性，制约保护区社会经济的发展，主要表现在三个方面：一是限制了资源的开发，尤其是丰富的矿产资源难以得到有效的规模化开发，森林资源利用率和农业产值也较低；二是工业发展受到限制，突出表现为区域内污染较重，行业生存空间大大缩小；三是保护区收益分配缺乏合理统筹，环保任务由居民承担而旅游收益归政府支配的现状不仅导致了人民经济收入增长缓慢，而且极易挫伤保护区居民的积极性，进而引发危及生态环境的行为。除此之外，一些学者还从环境管制对净出口及企业选址决策的影响方面研究保持环境可持续的成本，认为这些成本的存在降低了经济增长的速度。

减轻环境压力可能对经济增长造成的负面影响正是很多国家尤其是发展中国家在协调经济增长与环境可持续矛盾时最为担心的问题。由于可持续经济增长要求保护环境可持续本身不能制约经济增长，所以要想真正使经济增长路径能够向可持续经济增长路径收敛，不只要减轻经济增长的环境压力，还必须保证减轻环境压力的净成本为 0，或为负。

那么，是否存在这种可能呢？如果经济中的资源配置总是处于帕累托最优状态，人为减轻产出的环境压力必然会扭曲经济个体的决策，导致经济整体的生产率下降。但根据新古典经济学和新兴古典经济学理论，帕累托最优的实现基于三个潜在的假设前提——完全竞争市场、不存在外部效应，以及专业化的分工水平和一定的市场结构，然而三者皆为一种理论上的抽象，与现实并不相符，真实市场环境中难免出现机会主义、道德风险等市场失衡，因此资源配置不可能达到最优，存在着保持环境可持续和促进经济增长的双赢空间。我们将其归结为两大类。

（1）政府的有些政策不仅对环境有害，在经济层面也是缺乏效率的，改变这些政策不仅会提高环境的可持续水平，同时也能促进经济的增长。

（2）企业对生产工艺、流程和产品的某些调整既能减轻环境压力，还能为企业带来经济效益，如节约成本、改进产品质量等。

前者实际上是政府的政策在经济和环境两方面存在漏洞，我们称之为双重政府失灵。后者则是环境外部性与经济无效率共存，可以称之为双重市场失灵。无论是发达国家，还是发展中国家，这两类双重失灵都是普遍存在的。

1. 双重政府失灵

环境作为公共物品，其非排他性和非竞争性特征决定了市场提供是无效率的，为遏制生态环境异化，不论是从法律层面还是政策层面，各国在环保资源投入上都不遗余力，如 1969 年美国率先制定了《国家环境政策法》（NEPA），我国也自 1979 年颁布《中华人民共和国环境保护法（试行）》后的 30 多年时间内逐渐形成了由 1000 余部法律法规组成的环境政策体系。

法律政府失灵一般是指政府为矫正或弥补市场机制的功能缺陷而采取的立法、行政管理，以及各种经济政策手段，在实施过程中出现事与愿违的结果和问题，最终导致政府干预市场的效率低下和社会福利损失。现实中的政府失灵通常包括三种情况：一是由于行为能力和其他客观因素的制约，政府干预经济活动达不到预期目的；二是政府干预经济达到了预期目的，但效率低下，成本昂贵；三是政府干预经济达到了预期目的，也有较高效率，但却带来始料未及的副作用。不管是发达国家，还是市场机制相对不完善的发展中国家，政府失灵都是普遍存在的现象。虽然一直以来，政府被认为是环境的天然保护者，但在很多时候，政府的政策不仅在经济上缺乏效率，还会直接或间接地损害环境的可持续，形成经济和环境上的双重政府失灵。例如，公共选择理论的奠基人詹姆斯·布坎南（James M. Buchanan）就认为，政府其实并不是环境公共物品的最优提供者，这是由于政治家也是理性的经济人，在赢得选票的目标驱动下，很有可能造成：第一，政府为追求扩张其财政收入与预算，很容易与污染企业形成强大的利益集团；第二，政治家们面对定期选举，他们要以短期效益说服选民，从而破坏长期利益与长期投资计划；第三，政府扩张导致寻租和行贿受贿泛滥。以詹姆斯·罗森瑙（James N. Rosenau）为代表的治理理论也持有类似的观点。

价格支持政策可能会导致双重政府失灵，最典型的例子就是欧盟的共同农业政策（CAP）。CAP 的核心是对农产品实施价格支持，然而，农产品价格的上升刺激了农业生产。农产品生产大量使用化肥和机械，造成土地退化、水污染、环境舒适度和物种多样性下降等一系列不良的环境后果。1970～1988 年，OECD 成员方农业产出的能源密度总体增加了 39%，仅 1984 年，CAP 的经济净损失就高达 140 亿欧元。Jenkins（1990）对 CAP 进行的一项研究也表明，即使不考虑环境收益，取消 CAP 所能产生的经济收益也是非常巨大的。其他国家在实践中也遇到了同样的问题，以中国政府为例，2004 年开始实施的粮食价格支持政策虽然在保护农民积极性、维护国家粮食安全方面起了重要作用，但是对市场的干预和扭曲作用也日益凸显，武舜臣等（2015）以粮食加工流通过程为研究主体，利用简单竞争性供需模型进行分析，结果表明在粮食价格支持政策下，粮食加工企业在原粮市场和成品粮市场均存在福利损失，并且开放条件下低价成品进口量的杠杆效应进一步恶化了市场环境。

与价格支持会引起双重政府失灵一样，生产要素补贴也会无效率地刺激生产，造成环境损失。世界银行的一项研究发现，很多国家都对煤炭、电力、农药、放牧和木材开始进行补贴，导致经济个体过度使用这些资源，取消补贴能够同时产生经济收益和环境收益。例如，墨西哥、波兰和我国的电力用户支付的电价比电力生产成本低约 40%，斯里兰卡的氮肥价格只是生产成本的 60%，孟加拉的灌溉用水完全免费。世界资源协会的研究表明，1990～1995 年，欧洲的各国政府每年为化石燃料和核能补贴近 150 亿美元。根据 Myers 的估算，在农业、化石燃料、核能、道路交通、水利和渔业五个行业，全球每年支出的对环境有害的补贴高达 1.1 万亿美元。Maddison 等（1997）对除渔业之外的其他四个行业的补贴规模进行了估算，认为每年为 6140 亿~7380 亿美元，其中英国的补贴超过 200 亿美元。如果不考虑分配效应，取消这些补贴将能够获得经济增长与环境质量改善的双赢。

近年来，国内学者也开始注意到生产要素补贴带来的负面影响。例如，刘伟等（2014）认为，中国政府提出的到 2020 年单位 GDP 二氧化碳排放比 2005 年下降 40%~50%的减排目标任务艰巨，主要原因之一就是补贴引起的煤炭过度消耗，他通过定量分析得出结论，取消煤炭补贴可以降低单位 GDP 二氧化碳排放 1.78%。唐要家和杨健（2014）研究了我国销售电价补贴政策，指出目前主要是通过政府管制下的低电价和扭曲电价结构来实现电价隐形交叉补贴，但它作为一种以公平为目标的福利性供电体制，却既无效率又无公平——在牺牲工商业经济增长和付出较高环境代价的同时，电价补贴存在明显的补贴“漏出”，普惠制低电价补贴的最大受益者并不是低收入群体。

除生产要素补贴之外，在有些情况下，政府为保护环境而实行的环保补贴也可能导致双重政府失灵。虽然理论上，环保补贴会使厂商在补贴的诱因下减少产出，从而减轻污染，减少环境资源的使用量，但当这一政策工具被应用于进入退出壁垒较低的行业时，在长期当中非但不会降低污染，反而会导致污染总量的增加。这是因为环保补贴虽然增加了厂商的边际生产成本，但使厂商的平均生产成本下降，会吸引更多的厂商进入，增加行业整体的污染排放量。如果政府取消环保补贴，将用于补贴的资金投入其他的生产性项目，不但有助于减少总的污染排放量，也能够促进经济的增长。

2. 双重市场失灵

环保项目需要企业支付成本，但很多时候，企业从这些项目中获得的收益更大。Schimidheiny（1992）总结了大量经验研究后发现，多数环保项目在很短的时期就能为企业带来满意的回报。虽然这些项目不直接影响企业产品的销售，对企业收益的贡献不大，却能够产生成本节省，降低企业的总成本。Porter

（1991）将之称为成本抵偿（cost offset）。例如，3M 公司实施的污染控制计划使该公司 1975～1990 年的空气污染、水污染和固体废物排放量分别减少了 122000 吨、16000 吨和 400000 吨，同时节约了 48200 万美元的成本。北方电讯在 1988～1991 年逐步淘汰了消耗臭氧的 CFC-113，研制替代品虽然耗资 100 万美元，但节省的购买 CFC 的支出、相关税金和废物处理费用却多达 400 万美元。Ayres 和 Walter（1991）调查了美国 Dow 化学公司路易斯安那分公司在 1982～1988 年进行的 167 项节能项目投资，发现平均的投资回报率为 198%。冯巧根（2011）分析了 KD 公司自 2005 年实施一系列环境管理会计（EMA）决策工具以来，发现环境成本累计 6955 万元，环境收益累计 7435 万元，说明环保项目确实带来了明显的经济效益。

显然，在上面的这些例子中，减轻环境压力虽然需要企业进行投资，但这种投资在环境和财务上均能产生收益，即便不考虑环境，从财务收益角度也是有价值的。然而，尽管环保项目的投资为企业提供的盈利空间不低于其他的投资项目，很多研究却发现，如果没有外界的干预，企业一般不会主动为了保护环境而调整自己的生产活动。这可能是因为污染排放的预防与治理涉及环保设施及系统的更新改造、环保技术的研发及环保组织机构的管理等，往往需要大量人力、物力、财力等生产成本的投入（Porter and Linde，1995；Orsato，2006；Arouri et al., 2012），即使部分企业自愿进行环保投资，也往往出于降低环境遵守成本的目的（Maxwell and Decker，2006）。并且近十年来，很多学者对美国、英国及我国环保项目的经验研究也都得出了相似的结论。例如，唐国平等（2013）基于中国 A 股上市公司的经验数据研究发现，中国上市公司普遍存在环保投资额不足的现象，环保投资对于企业来说是一种“被动”行为，同时，政府环境管制强度与企业环保投资规模之间呈 U 形关系，即环境管制对企业环保投资行为的影响存在“门槛效应”，企业环保投资行为更多地体现出被动迎合政府环境管制需要的特征。在一个竞争的市场中，有如此多的盈利机会被忽略的确是一个很奇怪的现象。本章暂不考虑双重市场失灵的成因，相关内容放在第五章分析。

由于双重政府失灵和双重市场失灵实质是经济和环境的双重无效率，纠正这两类失灵既能减轻经济当中的环境压力，又会有助于经济增长。因此，从实现可持续经济增长的角度，促使经济增长路径向可持续经济增长路径收敛的具体条件就是，通过消除双重政府失灵和双重市场失灵减轻经济增长的环境压力。

需要说明的是，经济增长路径向可持续经济增长路径收敛并不等同于实现可持续经济增长。严格说来，收敛是环境压力不断减轻、向可持续水平靠拢的过程，而可持续经济增长则是经济增长的环境压力减轻至可持续水平的一种状态。采用不同的可持续标准，对是否达到可持续经济增长状态的判断就会存在差异，目前理论界对可持续经济增长的可行性存在争论也是由于这一原因。然而，不管可持续经济增长路径的具体标准如何，减轻环境压力都是实现可持续经济增长的必要条件。特别是，由于现有研究对复杂环境系统认知的有限性，任何一种既定的可持续标准都有可能偏离真实的可持续标准，出于审慎的原则，实现可持续经济增长更要求一个经济最大可能地减轻经济增长的环境压力。正因为如此，本书将对可持续经济增长实现机理的研究具体化为经济增长路径向可持续经济增长路径的收敛，重点分析可持续经济增长的实现途径和机制，而不过多探讨是否达到了可持续经济增长的状态。

第二节　可持续经济增长收敛的内在机制

第一节的分析得出，通过消除双重市场失灵和双重政府失灵，减轻经济增长的环境压力，是使经济增长路径向可持续经济增长路径收敛的基本条件。然而，环境压力是经济活动对环境影响的总和，环境压力变化的背后必然是经济活动方式和结构的变化，这些变化决定了经济增长路径向可持续路径收敛的内在机制。本节将在上一节的基础上，分析经济增长过程中环境压力的决定因素，找出可持续经济增长收敛的深层次原因。

一　基本模型

与式（3-10）不同，为了将环境压力与具体的经济增长过程联系在一起，我们从产业的角度分解一个经济的环境压力。假定一个经济包括 n 个产业，产业 i 的产出为 y_i，导致的环境压力为

$$S_i = a_i y_i \tag{3-11}$$

式中，系数 a_i 代表产业 i 的环境密度，即单位产出的环境压力。由于生产过程中的污染和自然资源消耗主要取决于技术，采用的技术不同，产出增长对环境造成的影响也完全不同，所以 a_i 可以看做是一个产业的技术系数。

假定经济的总产出为 Y，则各产业生产活动导致的环境总压力 S 可以表示成

$$S = \sum a_i y_i = Y\sum a_i \frac{y_i}{Y} = Y\sum a_i \varepsilon_i \tag{3-12}$$

ε_i 是产业 i 的产出占总产出的份额。对式（3-12）的时间微分，则有

$$\dot{S} = \sum a_i \varepsilon_i \dot{Y} + Y \sum \varepsilon_i \dot{a}_i + Y \sum a_i \dot{\varepsilon}_i \tag{3-13}$$

其中，$\dot{S} = \mathrm{d}S/\mathrm{d}t$，$\dot{Y} = \mathrm{d}Y/\mathrm{d}t$，依次类推。在式（3-13）两端同时除以 S 可得

$$\hat{S} = \frac{\dot{S}}{S} = \frac{\dot{Y}}{Y} + \frac{Y}{S}\left(\sum \varepsilon_i \dot{a}_i + \sum a_i \dot{\varepsilon}_i\right)$$

$$\hat{S} = \hat{Y} + \frac{Y}{S}\left(\sum \varepsilon_i \dot{a}_i + \sum a_i \dot{\varepsilon}_i\right) \tag{3-14}$$

式（3-14）说明，在经济增长过程中，环境压力的变化率 $\hat{S}$ 不仅取决于产出的变化率 $\hat{Y}$（即经济增长速度），还与技术的变化 $\dot{a}_i$ 和产业结构的变化 $\dot{\varepsilon}_i$ 有关。在技术和产业结构保持不变的情况下，产出增长一个百分点，环境压力也会相应上升一个百分点。然而，如果发生了自然资本节约型的技术进步，使得 $\dot{a}_i < 0$，或者产出的结构发生变化，环境密集型产业的产出份额降低，清洁产业的产出份额上升，即当 $a_1 > a_2$ 时，$\dot{\varepsilon}_1 < 0$，$\dot{\varepsilon}_2 > 0$，环境压力的增长速度将低于产出的增长速度。

用 s_i 表示产业 i 的环境压力份额，即 $s_i = \frac{S_i}{S} = \frac{a_i \varepsilon_i Y}{S}$，则有

$$\frac{Y}{S} = \frac{s_i}{a_i \varepsilon_i} \tag{3-15}$$

将其代入式（3-14），可以得到：

$$\hat{S} = \hat{Y} + \sum s_i \hat{a}_i + \sum s_i \hat{\varepsilon}_i \tag{3-16}$$

二 规模效应、结构效应与技术效应

按照 Grossman 和 Krueger（1995）的界定，式（3-16）右边的三项分别是经济增长对环境压力的规模效应、技术效应和结构效应。规模效应比较直接，在物质能量守恒定律及熵增定律的作用下，任何生产活动都要消耗自然资源，产生废物。如果单位产出的环境密度不变，产出越多，环境消耗量越大，环境压力会随产出的增长等比例变动。李宁和孙涛（2016）以工业废水排放量作为环境压力指标进行的 Tapio 脱钩弹性计算结果就表明，1991～2008 年，共有 8 个年份的规模效应值显著为正，如 2004 年为 0.799，表明经济增长每提高一个百分点，工业水资源消耗量增加 0.799 个百分点，经济规模的扩大使得水资源的消耗量有上升趋势。

如果说规模效应侧重的是一个经济的产出总量，结构效应反映的则是不同产业产出份额的变化对环境压力的影响。不同产业的要素投入不同，生产过程不同，单位产出的环境密度存在很大差异。采掘、制造等行业自然资源消耗量

大，废物排放量高，对环境的破坏较为严重，金融、信息等服务业对环境的影响则较小。如果一个经济产出的增长主要来自于自然资源密集型和污染密集型产业，产出增长导致的环境压力将会被放大，而清洁产业的比重上升则能够在一定程度上抵消规模效应导致的环境压力增量。许多实证研究对此观点进行了验证，研究发现产业结构效应系数与生态环境各项指数间存在长期的动态均衡关系，无论是从短期还是长期来看，产业结构对生态环境压力、状态、响应及综合质量均具有显著的促进作用（韩峰和李浩，2010）。

技术效应反映的是经济活动中的技术进步对环境压力的影响，在越来越多的环境经济研究中被作为内生变量进行分析（Loschel，2002；Acemoglu et al.，2012）。给定产出的总量和结构，采用的技术不同，单位产出的环境压力会完全不同。技术效应的第一个层面是生产过程中劳动、资本与自然资源组合比例的变化，当要素投入中自然资源的比例因替代和使用效率的提高而降低时，单位产出的环境压力会减轻。污染治理技术的发展是技术效应的另一个层面，这会降低单位产出的污染密度。例如，近年来得到广泛应用的人工湿地法、化学沉淀法、离子交换法、吸附法等处理技术显著降低了钼等稀有金属的排放。然而，技术的变化是技术创新和扩散的结果，就创新而言，其本身是企业在生产经营活动中的一种自发竞争行为，很多因素会影响到经济个体的研发决策和技术采纳决策，目前主要有两种观点：一是“供给推动”；二是“需求推动”。供给推动假说认为，技术创新活动是由来自于影响供给方面的诸如科学知识的发展、技术被发现的概率、研发人员研发机构的效率、大规模推广创新技术的成本等因素决定的（Rosenberg，1974）。需求推动假说认为，企业的研发是追求利润的经济活动，受市场需求的引导和制约（孙军和高彦彦，2014）。这就决定了技术进步的路径具有不确定性，并不一定朝着有利于环境的方向进行。Commoner（1972）就曾指出，第二次世界大战后的技术进步是破坏美国环境的首要因素。为了保持生态和经济的可持续性，“必须重新进行技术创新，以使该国的生产技术与环境更加协调”。只有当经济中发生了自然资本节约型的技术进步时，技术效应才会成为经济增长环境压力的抵消力量。

从式（3-16）可以看出，在经济增长过程中，环境压力的变化率由规模效应、结构效应和技术效应共同决定。当经济增长时，由于存在规模效应，环境压力自发具有上升的趋势，这是经济增长对环境可持续构成威胁的内在原因。生态学家和激进的环保主义者认为经济增长与环境压力密不可分，实际强调的也正是规模效应。由于经济增长无法避免规模效应，式（3-16）中的第一项必定为正数，要想使经济增长的同时环境压力能够下降，就只能依靠反向变动的结构效应和技术效应。因此，经济增长路径向可持续经济增长路径收敛的关键在于，减轻环境压力的结构效应和技术效应能否完全抵消增加环境压力的规模效

应，即

$$\hat{Y} + \sum \varepsilon_i \hat{a}_i + \sum a_i \hat{\varepsilon}_i < 0 \text{，} \quad \forall \hat{Y} > 0 \tag{3-17}$$

式（3-17）表明，经济增长路径向可持续路径收敛的直接条件虽然是通过消除双重市场失灵和双重政府失灵减轻经济增长的环境压力，深层次的原因却是经济当中发生了有利于环境的结构效应和技术效应，二者抵消了经济增长对环境压力的规模效应。消除双重政府失灵和双重市场失灵之所以能够获得经济增长和环境可持续的双赢，究其实质也正是因为产生了这两种效应。

三　可持续经济增长收敛中的绿色技术进步

将式（3-17）与经济增长的实践联系在一起，可以得到促使经济增长路径向可持续路径收敛的两种具体措施：一是调整产业结构，即减少经济中资源密集型和污染密集型产业的比重，提高人力资本密集型的清洁产业的比重，代表例子是中国政府所实施的产业结构优化升级路线；二是通过技术进步提高自然资源的使用效率，减轻污染，即绿色技术进步，如清洁生产技术的应用推广。近十年来，发达国家的经济增长与环境的矛盾趋于缓和，主要是因为结构效应。发达国家利用国际贸易和产业转移，将资源密集型、污染密集型的产业及生产过程向发展中国家转移，本国的经济增长主要来自于服务业和高新技术产业等环境消耗低、人力资本密集型的产业，从而有效降低了经济增长的环境成本，不仅资源消耗率呈显著下降趋势，环境质量也趋于改善。例如，美国服务业占GDP 的比重 1980 年为 18%，2000 年上升为 72%，高科技产业对美国经济增长的贡献大约为 GDP 的 27%，用 GDP 百分比表示的单位产出的自然资源消耗率1980 年为 18%，2000 年已下降至 8%。

尽管发达国家的做法表明，产业结构变动产生的结构效应能够使经济增长路径向可持续路径收敛，但结构效应的长期适用性和效果却较为有限。一方面，在技术水平和需求结构既定的条件下，调整产业结构本质上只是环境压力的跨国和跨地区转移，发达国家可以向发展中国家转移，发展中国家可以向经济更落后的国家转移，如此递推下去，必定会有一个国家找不到转移的场所，因此，并不是所有国家都有机会利用结构效应。另一方面，环境压力的转移虽然能够在短期内缓解一个国家经济增长与环境可持续的矛盾，但并没有从整体上真正减轻经济增长的环境压力，一个地区环境改善的同时，会有其他的地区环境退化。由于生态系统的整体性和不确定性，很难判断这种局部的可持续经济增长能否在长期当中一直持续下去。

对于发展中国家来说，通过调整产业结构实现可持续经济增长的空间更为有限。一个经济的产业结构是由其要素禀赋结构内生决定的。多数发展中国家的人力资本和技术相对稀缺，没有发展服务业、高新技术产业等清洁产业的比较优势，采掘业、制造业等环境压力较高的产业往往是这些国家在很长一段时间内的比较优势产业。经验研究已经证明，如果为了环境的可持续而违背比较优势原理调整产业结构，只会使经济当中的企业在开放、自由和竞争性的市场中丧失自生能力，政府对企业的非正常补贴又会进一步扭曲市场的运行，从而降低经济增长的速度。这显然有悖于可持续经济增长的初衷。况且政府过多干预造成的干群摩擦与资源浪费、寻租盛行、供给结构变化与消费结构变化的不相适应、严重滞后的基础设施等都导致了产业结构调整在发展中国家会面临巨大的困难。

因此，尽管理论上结构效应和技术效应都有可能成为环境压力的抵消力量，但从长期来看，使经济增长路径向可持续经济增长路径收敛的最为根本的机制只能是技术效应。从我们对技术效应的分析可以看出，技术进步与技术效应并非同一回事。技术进步是利用技术提高生产率的活动，在传统的经济学中，环境资产和自然资源被视为免费的午餐而排除在经济分析之外，技术进步按照所节约的生产要素的性质通常只分为劳动节约型、资本节约型和中性技术进步三类。但由于技术进步非对称性的存在，这三类技术进步并不一定能够形成有利于环境的技术效应，其在节约相应生产要素的同时，可能会加大自然资本的消耗量。所谓技术进步的非对称性，是指人们在促进技术进步的过程中，首先关注的是在资源开发利用上的技术进步，而后才考虑缓解资源环境压力方面的技术进步，这种重经济效益而轻资源开发中的负外部性的特征造成了后者水平远远落后于前者的现象。从罗马俱乐部首位主席 A.佩切伊到美国环境学家 Krutilla 和 Page 直至后现代学派都对技术进步中存在的非对称性进行了自己的解读。而获得有利于环境的技术效应，客观上则需要以节约自然资本为目的的绿色技术进步。由于自然资本包括环境资产和自然资源两大部分，现实中的绿色技术进步也相应表现为污染控制、原材料和废弃物的再循环利用等多种形式，前面论述的有利于环境的技术效应正是绿色技术进步的结果。

第三节　可持续经济增长收敛机制引出的两个重要问题

上面的分析说明，经济增长路径向可持续经济增长路径的收敛由经济增长过程中规模效应、结构效应和技术效应的相对强弱决定。经济增长增加的环境压力可以通过减少环境压力高的产业的产出份额ε和减轻单位产出的环境压力a加以抵消，尤其是能够降低a的绿色技术进步。然而，伴随着经济增长，ε和a会如何变化，是自动地降低，还是需要政府的干预才能降低？绿色技术进步的内在决定因素又是什么？可持续经济增长收敛机制的这两个方面引出了两个与可持续经济增长实现机理有关的重要问题。

一　可持续经济增长的收敛是否具有自发性

从动态角度来看，如果经济增长本身会引致有利于环境的结构效应和技术效应，那么ε和a会随着经济增长自动降低，经济增长路径也将自动向可持续经济增长路径收敛。在这种情况下，经济增长与环境可持续之间的矛盾就只是经济增长过程中的阶段性现象，经济增长本身就是解决环境问题的最好办法。

可持续经济增长的收敛是否具有自发性只能用事实检验。1991 年，美国经济学家 Grossman 和 Krueger（1991）的一项经验研究发现，环境压力和收入之间存在倒 U 形关系，在一国经济发展的早期阶段，环境压力随收入的增长不断增加；而当经济发展到较高水平、收入达到某一特定值之后，进一步的收入增长将导致污染水平降低和环境质量改善。这种关系与库兹涅茨曲线非常相似，因此被称之为环境库兹涅茨曲线。根据该倒 U 形曲线，在经济发展的早期，经济增长通常导致环境恶化，但随着经济结构的调整、环境意识的提高、环境管制的加强，以及更为先进的环境技术手段和更多的环境投入，环境将得到改善（孙军和高彦彦，2014），即从长期来看，一个国家改善本国环境的根本途径就是变得富有（Beckerman，1992）。

近十年来，很多学者选取不同的环境压力指标进行了大量的经验研究，多数研究都证实了环境库兹涅茨曲线的存在。这似乎表明，经济增长确实对环境有利。一些学者认为，发达国家近期经济增长与环境的矛盾趋于缓和，正是因为这些国家的收入已经超过了环境库兹涅茨曲线的转折点，因此，只要通过促进经济增长就能解决环境问题。例如，Shafik and Bandyopqdhyay（1992）认为，有可能通过增长摆脱环境问题。Crossman 和 Krueger（1991）提出，当人均收入超过 4000 或 5000 美元时，经济增长会减轻环境压力。Panayotou（1993）认为，当人均收入低于 1000 美元时，总体环境压力随经济增长而上升，当人均收入超过 10000 美元时，经济将发生重大的结构变化，包括产出结构的变化和新技术的应用，这将大幅度减轻环境压力。Holtz 和 Selden（1992）认为，当收入增长到一定阶段后，人们对健康和环境质量的需求会增加，这会改变经济增长和环境恶化之间的取舍关系，加速经济增长是解决环境问题的一种途径。国内学者的脱钩研究，虽然视角有所不同，但是同样得出了倒 U 形的关系，如赵兴国等（2011）使用中国云南 1998～2008 年相关数据进行的实证研究表明，该省区域经济增长与环境压力呈现由绝对脱钩向相对脱钩演变的趋势，其变化呈近倒 U 形曲线，符合区域科学发展的目标。宋涛（2007）选取了中国 29 个省份作为研究对象，研究发现这 29 个省份在 1989～2005 年的人均废水和人均二氧化硫排放量都随人均收入增加先增加后减少，在 25000 元附近出现结构转变点。由于上述观点主要依据的是环境库兹涅茨曲线，我们将其统称为环境库兹涅茨曲线假说。

但同时也有相当一部分学者对这一假说提出了质疑。例如，盖美等（2013）对长江三角洲地区的定量评价表明，大部分城市的资源环境与经济增长的脱钩关系呈现 N 形趋势，而非倒 U 形。还有学者认为，一些发达国家的环境质量得到改善的根本原因在于国际贸易部门通过跨国投资将污染转移到了发展中国家，环境库兹涅茨曲线只不过是记录了污染工业的这一转移的过程（孙军等，2014），如 Ulph 等（2001）提出，发展中国家向发达国家出口制成品是曲线上升部分形成的重要因素，相应地，发达国家对制成品的进口是曲线下降部分形成的因素。“污染天堂”假说（亦称“产业区位重置”假说）则试图在企业决策层面对污染转移进行解释，以 Baumol 和 Oates（1988）为代表的学者从理论上对该假说进行了系统论述，阐明了自愿实施宽松的环境标准导致了发展中国家变成世界污染的集中地。Rock（1998）也指出，与内向型贸易政策相比，开放的贸易政策将使得发展中国家产生更多的污染。

总之，环境库兹涅茨曲线假说实际是认为，经济增长有助于环境质量的改善，当收入达到一定程度之后，进一步的经济增长会自动引致有利于环境的结构效应和技术效应，从而减轻环境压力，使得经济增长路径自发地向可持续经济增长路径收敛，这一假说的成立与否直接关系着一国政府应当采取什么样的方式协调经济增长与环境可持续的矛盾。如果该假说成立，当人均收入达到某一数值之后，经济增长将由环境的敌人变为环境的朋友。实现可持续经济增长就等同于加速经济增长，因为只有这样，经济才能更快摆脱环境的恶化，进入与环境相协调的阶段，而贸易自由化、市场改革等能够促进经济增长的政策也将同样有利于环境。对于当前环境问题较为严重的发展中国家来说，接受环境库兹涅茨曲线假说意味着这些国家可以暂时将环境放在一边，实行增长优先的政策。例如，世界银行 1992 年所做的《世界发展报告》就曾提出，从长期来看，改善环境最为可靠的办法就是变富。然而，如果环境库兹涅茨曲线假说不成立，经济增长路径向可持续经济增长路径的收敛将不具有自发性，在经济增长的同时，政府必须采取减轻环境压力的政策。在后一种情况中，有利于环境的结构效应和技术效应虽然可能与经济增长过程存在复杂的联系，但不是完全由经济增长决定的，需要政府的政策干预。

本书第四章将集中检验环境库兹涅茨曲线假说的有效性，进而判断经济增长路径向可持续路径的收敛是否真具有自发性。

二　绿色技术进步中的厂商决策

在相当长一段时间内，技术效应是解决经济增长与环境可持续矛盾的最为根本的途径，而有利于环境的技术效应则要依靠绿色技术进步。从文献综述不难看出，现有研究对绿色技术进步的重要作用已基本达成了共识，但由于模型的问题，绿色技术进步总被简化为一两个变量。例如，新古典经济增长模型使用外生的常数技术进步率，一个数字就把复杂的技术进步过程简而化之。基于新增长模型的研究虽然将技术进步转变为经济系统的内生变量，却用人力资本、R&D 投资等变量表示技术进步，其暗含的假定是，经济系统会自动吸收技术的任何变化，忽略了技术路径的转换问题，除了在一定程度上揭示了绿色技术进步的来源之外，对现实中的绿色技术进步过程没有做任何说明。这种将绿色进步过程视为黑箱的做法极大削弱了现有研究对实现可持续经济增长的指导作用，如同开出了药方，却忘了标出每味药的剂量及服用方法一样。

按照熊彼特的分类，现实中的技术进步包括发明、创新和扩散三个阶段。发明是指发现科学或技术意义上的新产品和新生产工艺，创新是科学或技术意义上的新产品或新生产工艺的市场化，这两个阶段主要通过厂商的研发活动实现。当一项成功的创新被越来越多的企业采纳，从而在相应领域广泛发挥作用时，则是技术的扩散。如果认为所有的发明成果都能够市场化，技术进步过程也可以简化为技术创新和技术扩散两个阶段。在创新阶段，厂商要决定选择何种技术，投入多少研发经费。在扩散阶段，厂商则要决定是否采纳一项技术，何时采纳。技术选择环境不同，厂商会做出不同的决策。因此，从动态角度来看，一个经济技术进步的速度和方向实际是由厂商的技术决策决定的。正如厂商的产量决策是整个经济产出的微观基础一样，厂商的技术决策也构成了技术进步的微观基础。分析现实中的绿色技术技术过程，必须研究厂商的技术决策。

一种观点认为，绿色技术与其他技术不同，对社会和环境有明显的效益，但经济效益不明显，机会主义的存在使得企业缺乏自发创新污染治理技术的动力，这就需要相关规制来引导，如“波特假说”（Porter，1991）认为，合理设置的环境规制政策能够刺激企业进行技术创新。但是针对该假说的实证分析，目前尚未形成统一的结论，其支持者认为，环境规制会影响企业管理者在研发方面的决策行为，由此提高企业的绿色技术创新水平（Aghion et al.，1997；Gabel et al.，1997；Ambec et al.，2002；Mohr，2002；黄德和刘志彪，2006；

王国印和王动，2011；Yang et al.，2012）；但质疑者认为如果企业存在双赢的机会，那么面对“免费的午餐”，企业即便没有受到环境规制的驱动，也会自发进行技术创新（Jaffe et al.，1995；Wagner，2007；Greenstone et al.，2012）；还有部分学者认为环境规制对企业技术创新的影响不确定（Boyd and McClelland，1999；Domazlicky and Weber，2004。江珂和卢现祥，2011）。

与之相类似，还有一种观点在承认单一的厂商缺乏创新的动机的基础上认为其研发和推广主要依赖政府资助的科研体系。这种观点实际是忽略了技术供给与技术实施的区别。虽然政府在绿色技术的研发过程中发挥着不可缺少的作用，但多数情况下，政府只能充当技术的供给者，而不是技术的实施者，其提供的绿色技术只有被厂商采纳才能真正影响生产活动的环境成本。即便政府能够完全控制绿色技术的研发过程，这些技术也有可能被厂商出于各种原因束之高阁。日本一研究机构的调查显示，在日本政府每年资助的 1200 余项绿色技术专利中，为企业所采纳的不足 400 项，我国的情况也与之相似。这又间接反映出另一个问题，政府提供的绿色技术可能并不适合厂商的实际情况。事实上，由于信息、资金和人员等方面的约束，政府只能提供基础性的绿色技术，具体到每一个厂商，与其所处行业、规模和经营特点相适应的绿色技术只能来自厂商自己的研发活动。因此，一个经济的技术进步能否朝节约自然资本的方向进行，有利于环境的技术效应到底能有多大，归根结底仍然是由厂商的技术决策决定的，现实中的双重市场失灵也正是厂商技术决策的结果。

由于厂商的技术决策决定着有利于环境的技术效应能否发生，因此分析可持续经济增长的实现机理，必须研究绿色技术进步过程中厂商的技术决策，这成为本书第五章的研究内容。

第四章

环境库兹涅茨曲线与可持续经济增长收敛自发性的检验

可持续经济增长的收敛是否具有自发性直接影响着可持续经济增长的政策选择。如果经济增长路径能够自动向可持续路径收敛，实现可持续经济增长也就等同于加快经济增长，政府只需实施促进经济增长的政策，在经济增长达到一定程度之后，环境压力会自动减轻。但是，如果可持续经济增长的收敛不具有自发性，很多发展中国家当前采取的增长优先，先污染、后治理的发展模式将只会加剧环境的恶化，政府必须主动采取措施，减轻经济增长的环境压力，才能使经济增长路径向可持续路径收敛。

由于现有的支持可持续经济增长收敛自发性的论据主要来自环境库兹涅茨曲线的经验研究，所以，本章将从这些经验研究入手，检验环境库兹涅茨曲线假说的有效性，进而判断可持续经济增长的实现是否具有自发性。我们的研究将表明，由于模型和数据的问题，现有经验研究得到的收入与环境压力的倒 U 形关系并不能作为经济增长有利于环境的证据。观察到的部分环境压力指标随经济增长而下降的现象，主要归因于环境保护固有的规模收益递增性质，与经济增长的内生变化没有直接关系。因此，环境库兹涅茨曲线假说总体上不成立，可持续经济增长的收敛并不具有自发性，政府的政策干预是促使经济增长路径向可持续路径收敛必不可少的环节。

第一节　环境库兹涅茨曲线的经验研究

一　模型的基本形式与研究结果

近二十几年来，很多经验研究都发现，环境压力和收入之间存在着倒 U 形关系。这些研究的共性非常突出，使用的数据均是由不同国家在不同时点的观测值组成的面板数据，均利用如下的简化模型回归环境压力 E 和人均收入 Y 之间的关系。

$$E_{it} = \alpha + \beta_1 Y_{it} + \beta_2 Y_{it}^2 + \beta_3 Y_{it}^3 + \beta_4 t + \beta_5 Z_{it} + e_{it} \tag{4-1}$$

式中，E_{it} 为国家 i 在时间 t 的某一环境压力指标；Y_{it} 为国家 i 在时间 t 的人均收入；α 为横截距；β 为待估计的参数；Z_{it} 为除收入之外的其他影响环境压力的因素；e_{it} 为正态分布的随机误差项。根据回归结果的不同，模型（4-1）可以用来揭示 7 种不同的环境-收入关系，如图 4-1 所示。

（1）$\beta_1 > 0$，$\beta_2 = \beta_3 = 0$：线性，单调递增，随着收入增长，环境压力增加。

（2）$\beta_1 < 0$，$\beta_2 = \beta_3 = 0$：线性，单调递减，随着收入增长，环境压力减轻。

（3）$\beta_1 > 0$，$\beta_2 < 0$，$\beta_3 = 0$：倒 U 形曲线，收入达到特定值后，环境压力随收入增长减轻。

（4）$\beta_1 < 0$，$\beta_2 > 0$，$\beta_3 = 0$：U 形曲线。

（5）$\beta_1 > 0$，$\beta_2 < 0$，$\beta_3 > 0$：N 形曲线，与倒 U 形曲线相似，只是随着收入的进一步增长，环境压力会再次增加。

（6）$\beta_1 < 0$，$\beta_2 < 0$，$\beta_3 > 0$：倒 N 形曲线，环境压力先递减，后递增，再递减。

（7）$\beta_1 = \beta_2 = \beta_3 = 0$：水平线，收入水平不会影响环境压力。

从中可以看出，倒 U 形的环境库兹涅茨曲线只是对模型（4-1）进行回归可能得到的七种结果中的一种。令 $\beta_3 = 0$，式（4-1）的一阶导数为 0，可以得到环境库兹涅茨曲线转折点对应的收入水平 $Y_T = -\beta_1 / 2\beta_2$。

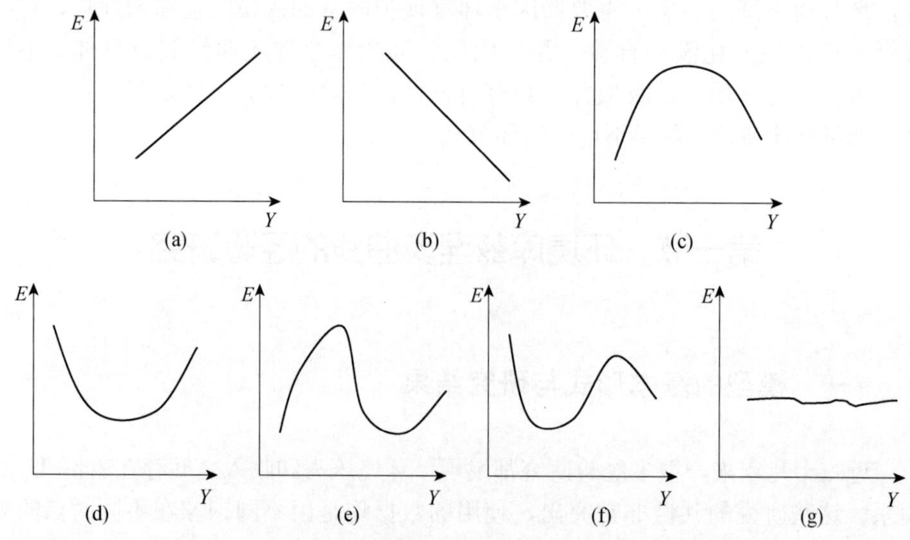

图 4-1 环境压力与人均收入的不同关系

为考察现有研究得到的环境压力与收入之间的关系，我们选取了研究最为集中的几种环境压力指标，将 1990～2010 年不同学者利用模型（4-1）或（4-1）的对数形式所进行的相关研究汇总为表 4-1。对比这些研究可以发现，每一种环境压力指标至少都有一项研究证实了存在倒 U 形的环境库兹涅茨曲线，尽管对于 CO_2 来说，有研究得到的环境库兹涅茨曲线转折点的人均收入高达 28 696 美元，当前绝大多数国家距离这一收入水平还有很大的差距。然而，没有任何一种环境压力指标随经济增长的动态变化被理论界达成共识，所有的指标都存在着相互矛盾的研究结论。以水质的重要指标需氧量为例，Crossman 和 Kruger（1995）的研究认为存在环境库兹涅茨曲线，Shafik 和 Bandyopadhyay（1992）发现该指标与收入呈单调递增的关系，Torras 和 Boyce（1998）则发现了 N 形曲线。在得出环境库兹涅茨曲线的研究中，同一种环境压力指标对应的曲线形状也存在很大差异。以 SPM 为例，共有八项研究得到了环境库兹涅茨曲线，转折点对应的收入水平最低只为 1102 元，最高则高达 33000 美元，八项研究的转折点收入无一相同。

表 4-1 充分验证了 Ekins 的结论：“如果有一组以上的研人员研究同一种污染物，就绝不可能得到完全一致的倒 U 形曲线。”经验研究结论中存在的分歧自然影响到环境库兹涅茨曲线假说的有效性。在我们所列的 12 篇代表性文献中，先后对 7 项环境检测指标进行了 29 次研究，其中共有 23 项研究证实，在达到特定的收入水平之后，环境压力会随收入的增长而减轻。而这 23 项研究中，只有 17 项是真正的环境库兹涅茨曲线，其余六项显示的是 N 形或 U 形关系，说明当收入增长到一定程度后，环境压力还会重新上升。此外，有两项研究发现环境压力与收入呈单调递增关系，四项研究表明环境压力与收入水平无关。AL-Mulali 等（2015）统计了 2003 年后关于环境库兹涅茨曲线的约 50 项经验研究，研究对象遍布欧洲、亚洲、美洲、非洲各大洲，发现其中 39 项认为环境库兹涅茨曲线现实存在，12 项认为不存在。因此，尽管在经验研究中，环境库兹涅茨曲线是最常见的环境压力与收入之间的关系模式，但并不足以证明经济增长会减轻环境压力。

从本质上看，不同的研究在结果上存在如此大的差异，主要与数据和分析这些数据所用的方法有关。第一，在现有研究中，出现最多的是水质和空气污染指标，衡量这两类指标既可以用排放量数据，也可以用浓度数据，选择不同类型的数据直接影响着转折点的估计值。例如，有关空气污染的几项研究中，用浓度数据回归得到的转折点收入普遍低于排放量数据。这可以解释为，浓度数据多来自城市空气质量监控，与直接的污染排放量相比，城市的空气质量受关注程度更高，加之地价上升导致工业企业迁出城市，因此，在较低的收入水平上，用浓度数据衡量的环境压力指标就会转入下降。第二，在确定模型（4-1）的参数时，现有研究采用了不同的回归方法，Selden 和 Song 发现，回归方法的差异对模型结果具有显著影响。以他们对 SO_2 的研究为例，合并截面数据估计法得到的是 U 形曲线，固定效应模型和随机效应模型则得到了环境库兹涅茨曲线，但固定效应下的转折点为 8700 美元，随机效应却为 10300 美元。第三，现有研究所用的环境压力数据来自不同的国家，样本包括的国家不同，经验研究的结果也会不同。对于表 4-1 所列的两项水质指标，Crossman 和 Krueger 使用了世界卫生组织的全球环境监控系统（GEMS）数据库提供的数据，结果得到了环境库兹涅茨曲线，而 Shafik 等使用加拿大国内水源中心提供的数据得到的却是 N 形和单调递增曲线。此外，一些研究为提高拟合优度还在收入之外增加了环境压力的其他解释变量，包括人口密度、滞后收入、经济结构、对外贸易等。由于这些变量往往与收入有关，所以，也会改变回归得到的曲线的形状。

表 4-1　环境压力-收入关系的部分经验研究

作者	回归方法	SO_2（转折点）数据类型	SPM（转折点）数据类型	NO_x（转折点）数据类型	CO_2（转折点）数据类型	大肠杆菌浓度（转折点）	需氧量（转折点）	砍伐森林（转折点）	汇率	其他解释变量
Grossman and Krguger，1995	GLS（re）	N（4100）（13000）conc	EKC（6200）conc			EKC（8000）	EKC（2700）		PPP	滞后收入
Shafik and Bandyopadhyay，1992	OLS（fe）	EKC（3700）conc	EKC（33000）conc		MI	N（1200）（11400）	MI	flat	PPP	一系列其他变量
Panayotou，1993	OLS（pcs）	EKC（3000）emis	EKC（4500）emis	EKC（5500）emis				EKC（1200）	MER	
Selden and Song，1994	GLS（re）	EKC（10300）emis	EKC（10300）emis	EKC（11200）emis					PPP	人口密度
Torras and Boyce, 1998	OLS（pcs）	N（3400）（14000）conc	Flat conc			Flat	N（5100）（19900）		PPP	收入分配
Kaufmann, 1998	GLS（re，fe）	U conc								空间密度，钢材出口量
Holtz-Eakin and Selden, 1995	OLS（fe）				EKC（35400）				PPP	
Stern and Common, 1996	OLS（fe）（re）	EKC（101166）（54199）Emis							PPP	

续表

作者	回归方法	SO_2（转折点）数据类型	SPM（转折点）数据类型	NO_x（转折点）数据类型	CO_2（转折点）数据类型	大肠杆菌浓度（转折点）	需氧量（转折点）	砍伐森林（转折点）	汇率	其他解释变量
Khanna, 2002	OLS（re, fe）			U conc	Flat conc				PPP	人口密度，制造业就业人口
Orubo and omotor, 2011	OLS（re）		EKC conc						PPP	
Shahbaz et al., 2013	ARDL				EKC, conc				PPP	金融业发展水平
Osabuohien et al., 2014	DOLS				EKC, conc				PPP	法律规制、政府效率，贸易开放度

注：N=N 形曲线；EKC=倒 U 形曲线；U=U 形曲线；Flat=水平线；MI=单调递增曲线；GLS=广义最小二乘法；OLS=普通最小二乘法；ARDL=自回归分布滞后模型；DOLS=动态最小二乘法；re= 随机效应；fe=固定效应；pcs=合并截面数据；conc 表示数据衡量的是空气中污染物的浓度；emis 为污染物的排放量数据；SPM 为悬浮颗粒物，包括尘土、烟灰、烟雾和烟尘等，不同研究对其的衡量不同，这也是导致研究结果存在差异的一个原因；大肠杆菌浓度和需氧量是水质衡量指标；PPP=购买力平价表示的汇率；MER=市场交易汇率。

为保证可比性，表中所列的研究均未对式（4-1）进行太大的变动，所选的环境压力指标至少与一项其他研究相同。不符合这些标准的研究没有列入该表

二　与环境库兹涅茨曲线假说的相关性

环境库兹涅茨曲线假说认为经济增长能够减轻环境压力，从上面的分析可以看出，支持这一假说的经验研究并没有得到一致的结论。即便不考虑研究结论的差异性，观察到的环境压力与收入之间的倒 U 形曲线也并不能全面揭示环境系统和经济系统的复杂关系。

首先，环境系统的变化具有不可逆性。现有经验研究普遍用污染的排放量或浓度等流量指标度量环境压力，而经济活动对环境系统的影响最终会表现为环境功能和自然资本存量的变化。当过去累积的污染影响到了环境系统的承载力和恢复力时，即便当前的污染流量在下降，由污染导致的环境退化却可能还在继续。如图 4-2 所示，假定曲线 *EUS* 是满足可持续标准的污染流量变化，*EKC* 是观察到的环境库兹涅茨曲线，可以看出，一旦超出可持续边界，污染流量的实际下降速度较慢，根本无法阻止环境的退化。

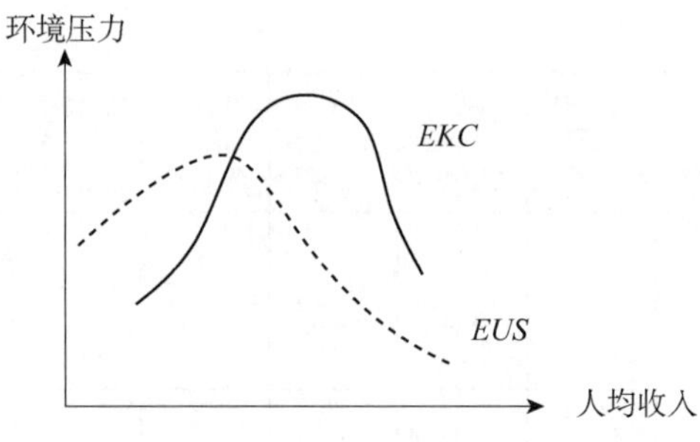

图 4-2　环境库兹涅茨曲线与真实的环境压力

其次，经济增长导致的环境压力是多维度的，而现有经验研究得到的环境库兹涅茨曲线却只局限于空气污染和水质污染等少数几种环境指标。这些污染物的共性非常突出：一是对当地居民的健康影响较为直接，容易引起关注；二是治理的成本较低，易于监测，数据相对完整。这说明，环境库兹涅茨曲线只适用于那些明显而又容易解决的环境问题，对于资源枯竭、物种多样性丧失等外部性更显著的环境问题，倒 U 形的关系可能并不存在。将少数几个环境指标与收入之间显现出的倒 U 形关系推广为经济增长能够减轻环境压力，显然缺乏足够的说服力。相反，目前为数不多的使用综合性环境压力指标的研究都表明，发达国家总体的环境压力有增无减（Maddison et al，1997；Schimidheiny，1992；Ayres and Walter，1991）。

除了发达国家的数据不能有效支持环境库兹涅茨曲线假说之外，观察到的倒 U 形曲线还有一个突出的特点，即转折点对应的人均收入普遍高于世界平均水平。这意味着，对于人口占世界绝大多数的发展中国家来说，即便环境库兹涅茨曲线假说成立，它们在未来很长的一段时间内也不可能享受到经济增长带来的环境改善，因此，在经济增长的同时，环境压力还会继续增加。由于环境系统的不可逆性，就算这些国家将来能够达到环境库兹涅茨曲线转折点的收入水平，我们也没有十足的把握保证累积已久的环境问题都能被一一化解。此外，正如前面提到过的，一些学者提出，污染产业的跨国转移是导致倒 U 形曲线的深层原因，因为大量数据也证明了这一观点——在发达国家污染减轻的同时，发展中国家的污染在加重。如果这种观点正确，估计到的转折点对发展中国家的适用性就更低了。正向 Arrow 等（1995），以及 Jha 和 Murthy（2003）所指出的，随着更多的国家由贫穷走向富裕，今天的发展中国家将无法向过去的发达国家那样，找到足够的场所转移自己的污染产业。用历史数据回归得到的环境库兹涅茨曲线转折点可能适合发达国家，但当发展中国家达到同样的收入时，环境压力却并不一定会随着进一步的经济增长而减轻。国内学者王奇等（2013）基于 29 个代表性国家在 1970～2000 年 SO_2 排放与 GDP 数据的实证研究对此进行了证实，结果表明，发达国家、新兴工业化国家通过国际贸易向外转出污染，促使 *EKC* 曲线拐点提前到达，其中发达国家由基于生产的 7775 美元右移至基于消费的 11 060 美元，新兴工业化国家则由 5717 美元右移至 6841 美元，而发展中国家在两种情况下的污染排放仍不断上升，尚未出现转折。

三　暗含的基本假设

除了指标选取和数据方面的问题之外，现有经验研究不能有效支持环境库兹涅茨曲线假说的另外一个因素在于模型（4-1）的有效性。到目前为止，多数研究在研究回归收入与环境压力之间的关系时都采用了模型（4-1）。然而，模型（4-1）是一个简化模型，如果在其中引入其他的解释变量，而这些变量又和收入有关，会造成多重共线性问题。Stern 等（1996）还指出，模型（4-1）的渐进性难以令人满意。对于 β_1、β_2 和 β_3 的任意一组估计值，环境压力在长期当中都会无限地增加或减少。虽然可以通过将模型（4-1）转换成对数或双对数形式来解决这个问题，但也无法避免环境压力递减为负值。

更为重要的是，现有研究普遍忽略了一点，在模型（4-1）中，暗含着三个与收入和环境压力之间关系有关的重要假设。在没有验证这三个假设之前，即便经验研究得出倒 U 形的环境库兹涅茨曲线，也不能用来支持环境库兹涅茨曲线假说。

1. 长期均衡假设

环境库兹涅茨曲线假说认为经济增长能够减轻环境压力。模型（4-1）选取的主要解释变量是给定时点的人均收入 Y，而经济增长则是收入水平随时间的动态变化（即 $\mathrm{d}Y/\mathrm{d}t$），因此，模型（4-1）并没有直接检验经济增长对环境压力的影响。

之所以这样处理，主要是因为经济增长的直接结果只是收入的增长，当收入增加之后，经济当中的技术和制度会相应发生变化，这些变化才是决定环境压力大小的根本力量。由于收入的变化转化为技术和制度的变化是一个缓慢的过程，模型（4-1）用水平变量作为解释变量，实际上正是假定经济增长对环境压力的影响是长期的，因此回归得到的环境库兹涅茨曲线反映的是一种长期均衡关系。但是，现有研究并没有对这一假设进行检验。正如我们在下一节所要讨论的那样，检验长期均衡假设需要对模型（4-1）中的变量进行协整检验。如果收入和环境压力指标不是协整的，二者之间将不存在长期稳定的比例关系，任何外来冲击都会对收入和环境压力之间的关系产生永久性的影响。在这种情况下，模型（4-1）给出的倒 U 形曲线是不稳定的，据此得出的经济增长能够减轻环境压力的结论也将毫无意义。

2. 同质性假设

现有研究基本都用平行数据来回归模型（4-1）。平行数据估计将不同国家在不同时点的样本观测值融合在一起，与单一国家的时间序列分析和不同国家在同一时点的截面分析相比，样本容量更高，显著水平的统计检验更有说服力，但由于所有国家的参数估计值都相同，不能反映国与国之间的差异。

在模型（4-1）中，β_1、β_2、β_3和β_4对所有的国家都相同，这实际是假定，在每个国家，收入对环境压力的影响都是相同的，不管国家如何变化，收入与环境压力之间都存在着唯一的确定关系。然而，到目前为止，并没有研究检验不同国家的上述四个参数是否真的相同或相似，对比目前为数不多的利用一国时间序列数据进行的环境库兹涅茨曲线研究可以发现，由于经济结构、发展路径和制度等方面的不同，国与国的转折点收入存在很大的差别。这间接说明，模型（4-1）设置均一的β_i值，使不同国家拥有同样的倒 U 形曲线和转折点，是不符合实际的。判断这一假定是否成立需要进行 F 检验。

3. 趋势平稳假设

模型（4-1）暗含的第三个假设与时间参数β_4有关。环境库兹涅茨曲线描述的是收入和环境压力之间的倒 U 形关系。要想将环境库兹涅茨曲线解释为一国的环境压力会随收入的增长而下降，时间参数β_4的数值必须显著小于 0。在模型（4-1）中，时间变量t并不影响曲线的形状，只影响曲线的截距。如果β_4为负数，用特定年份的截面数据得到的环境库兹涅茨曲线会随时间的推移向下移动。如图 4-3（a）所示，假定 $t1$～$t4$ 为四个年份，各年的环境库兹涅茨曲线用 EKC_{ti}（i=1，…，4）表示，每一条 EKC 曲线描述的是该年份样本包括的各个国家收入与环境压力之间的关系。可以看到，从 EKC_{t1} 开始，EKC 曲线逐年向下平移。当将这四个年份的截面数据综合成平行数据进行估计时，需要在模型中引入负的线性时间趋势或负的时间虚拟变量来表示这种变化。如果用固定效应模型估计模型（4-1），就是在 EKC_{t1} 的参数估计值基础上，加入一个负的线性时间趋势，平行数据估计后的曲线形状会与 EKC_{t1} 相同，转折点仍然会位于收入Y_3。然而，使用平行数据估计出的环境库兹涅茨曲线并不能反映单个国家环境压力随收入的变化。对于一个国家来说，在每个年份，与特定的收入水平相对应的环境压力由该年份的环境库兹涅茨曲线决定。

假定一国在$t1$年的收入为Y_1，对应的环境压力为曲线EKC_{t1}上的E_1，$t2$年的收入为Y_2，环境压力为EKC_{t2}上的E_2，依次类推。因此，该国的收入与环境压力之间的关系为图 4-3（a）中的曲线 C_1，与用平行估计得出的 EKC 曲线形状并不相同。特别是，该国的转折点收入为 Y_2，比平行估计得到的转折点收入Y_3要低。这说明，表 4-1 所列的各项研究给出的转折点并不是一个国家环境压力随收入下降的真实转折点。尽管多个国家的平行数据显示环境压力与收入之间存在倒 U 形的环境库兹涅茨曲线，单独一个国家的环境压力随收入的变化路径却很可能与此不同。

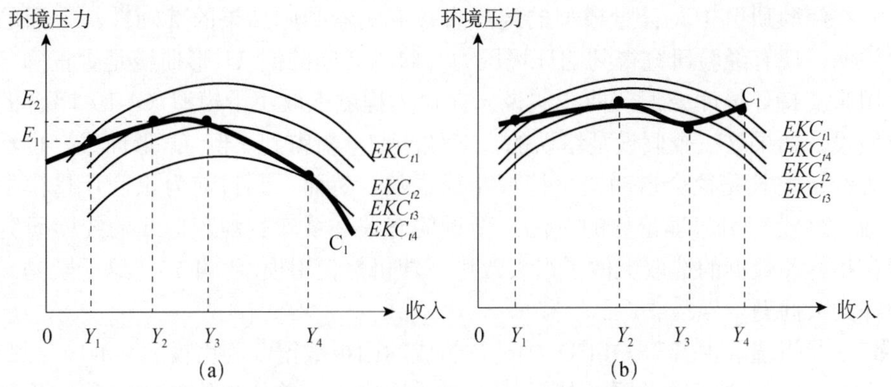

图 4-3　时间趋势与环境库兹涅茨曲线

下面让我们考虑一下模型（4-1）中的时间趋势不是显著不为 0 的情况。如图 4-3（b）所示，假定用不同年份的截面数据估计得到的 *EKC* 曲线并没有随着时间的推移逐渐向下移动，相反，第四年的 *EKC* 曲线位于第二年和第三年的 *EKC* 曲线之上，此时，描述一个国家环境压力和收入关系的曲线 C_1 由倒 U 形变为 N 形，当该国收入达到 Y_3 之后，环境压力会再次上升。虽然固定效应估计还会产生倒 U 形的环境库兹涅茨曲线，但具体到该国，环境压力却并不能随着收入的增长而减轻。因此，要想将平行数据下的环境库兹涅茨曲线解释为一国的经济增长能够降低环境压力，必须保证存在负的线性时间效应。然而，在表 4-1 所列的多数经验研究中，线性时间效应在统计上并不显著。这自然使我们对环境库兹涅茨曲线假说的正确性产生了怀疑。

由于线性时间趋势关系到一个国家是否存在环境库兹涅茨曲线的论断，线性时间趋势能否正确反映环境压力随时间的动态变化也就成为至关重要的一个问题。因此，模型（4-1）暗含的第三个假定就是环境压力与收入是趋势平稳的，引入线性时间趋势能够消除变量的自相关。然而，正向 Nelson 和 Plosser（1982）所指出的那样，多数时间序列并非趋势平稳，而是差分平稳，这意味着模型（4-1）中的线性时间趋势很可能没有完全消除估计中的自相关问题。如果存在自相关，模型（4-1）中的随机误差项丧失了同方差性，估计结果的显著性检验将会失效。虽然现有的一些研究利用广义最小二乘法矫正显著性偏差（Stern et al，1996），但这种方法只能消除异方差性，而与时间有关的误差至今尚未有人研究。我们将通过扩充的 Dickey-Fuller 平稳性检验，即单位根检验，验证模型（4-1）暗含的趋势平稳假设。

第二节　环境库兹涅茨曲线模型的有效性检验

在经验研究中，计量模型的选择直接影响着回归结果的准确性。上面的分析说明，现有经验研究得到的环境压力与收入之间的倒 U 形曲线是否正确，能否用来支持环境库兹涅茨曲线假说，在很大程度上取决于模型（4-1）暗含的三个假设。如果这三个假设是错误的，即便回归分析得到了倒 U 形曲线，也不能认为经济增长路径会自动向可持续路径收敛。然而，到目前为止，计量模型的有效性并没有引起理论界的关注。新近的有关环境库兹涅茨曲线的经验研究虽然在指标和数据的选取上做了很大改进，却仍然使用模型（4-1），这无疑是一个潜在的大问题。

本节将选取由若干 OECD 成员方组成的面板数据，利用模型（4-1）回归环境压力与收入之间的关系，然后运用同质性检验、单位根检验和协整检验验证模型（4-1）暗含的三个假设的正确性。我们的分析将表明，现有经验研究普遍使用的模型（4-1）不是一个优质的计量模型，环境库兹涅茨曲线假说是建立在错误的回归分析之上的。

一　数据与变量说明

为便于同现有研究进行比较，我们首先选取最主要的温室气体 CO_2 作为环境压力指标，然后，鉴于 Criado 和 Valente（2011）认为工业粉尘、工业废水、工业 SO_2 相比 CO_2 能更好地反映出本地的污染现状，我们将 SO_2 排放量作为第二项衡量指标，此外，结合前人的经验研究，将氮氧化物（NO_x）也纳为污染指标。每一种污染物都有排放量和浓度两类数据，排放量数据通常是用能源消耗量乘以事先估算的排放量系数计算得到的，浓度数据则来自于实际测量。虽然浓度数据要比排放量数据更为准确，用来分析环境压力与人均 GDP 间的关系却并不合适。首先，浓度数据只能反映监测点的污染状况，这些监测点多集中在大城市，而大城市的人均收入通常不同于一国的人均 GDP。

其次，城市的环境质量受关注程度较高，因此，很多污染产业会向经济相对落后的周边地区转移，这种发生在一国内部的产业转移会影响观测点的污染物浓度，却不会影响人均 GDP。

最后，气候变化对浓度数据也有影响。例如，降雨会缩短污染物在大气中移动的距离，雨量较多的年份，污染的净“出口”城市污染物浓度偏高，而净“进口”城市的浓度则偏低，这种变化显然和人均收入无关。当然，上述三种现象可以在回归时进行控制，如引入表示气候特征的参数，但参数过多会违背构建估计模型的简明性原则。毕竟，我们想知道的是环境压力与经济增长的关系，而不是气候对环境压力的影响。因此，为了使回归结果更为准确，我们没有向现有很多经验研究一样，用浓度数据回归环境库兹涅茨曲线，而是选择了排放量数据。

此外，常识与国内外学者的大量研究均可表明，城市污染状况与常住人口密度呈正相关关系，本书将人口密度纳为其他解释变量，用该国人口总数与国土面积之比来衡量。另外，还设置了一国的对外开放度变量：采用进出口总量占 GDP 的比重来测度。这是因为对外开放度越高，越有利于吸引国外资本和产业，一方面有可能造成污染物由发达国家流向发展中国家；另一方面，跨国公司往往具有相对较高的环保理念和环保技术，可能会改善环境（Jie，2006；许和连等，2012）。

本书的实证研究主要针对 OECD 成员方，时间跨度为 1980～2011 共 32 年，人均收入、人口密度、国际贸易情况等数据大多来自 OECD 官网，污染物排放数据来自世界银行官网等。需要说明的是，由于各项污染物排放数据在国家层面的缺失情况不同，不同指标的回归所包含的国家数量也是有差异的。例如，CO_2 回归中包含 25 个国家，NO_x 回归中包含 5 个国家，SO_2 回归中包含 6 个国家。

限于篇幅，我们仅挑选奥地利、英国、法国、意大利和瑞士五个代表性国家的每五年数据来简要描述人均污染排放量与人均 GDP 的变化趋势（见表 4-2）。可以看出，随着时间的推移，各国的 SO_2 排放量均呈现明显的下降趋势，NO_x 排放量则在 20 世纪 80 年代后期 90 年代初达到峰值后才开始下降，CO_2 排放量的下降在各国之间则表现为不同的趋势——奥地利表现为逐年增加，其他四国则围绕各自的均值水平略有波动。虽然有观点认为，污染排放量高会促使政府实施更为严格的环境政策，我们的数据却并没有对此提供支持，以 SO_2 为例，按国家来看，污染排放量削减最为显著的恰恰是期初排污量较低的奥地利和瑞士，相对于英法意大利大约降低了 1/4 排污量而言，这两个国家则下降了将近期初水平一半的幅度。

表 4-2 人均排污量与 GDP

项目	国家	1980 年	1985 年	1990 年	1995 年	2000 年	2005 年	2010 年
CO_2	奥地利	10.8648	10.9096	10.9634	10.9992	11.0379	11.2156	11.1269
	英国	13.2696	13.2354	13.2284	13.1956	13.2027	13.2039	13.1066
	法国	13.1330	12.9014	12.8364	12.7632	12.8051	12.8753	12.7867
	意大利	12.8713	12.8270	12.9422	12.9727	13.0183	13.0677	12.9125
	瑞士	10.6100	10.5923	10.5699	10.5771	10.5726	10.6304	10.5650

续表

项目	国家	1980年	1985年	1990年	1995年	2000年	2005年	2010年
NO_x	奥地利	5.4402	5.3954	5.2717	5.1982	5.3239	5.4628	5.2631
	英国	7.8861	7.8605	7.9658	7.7457	7.4935	7.3695	7.0149
	法国	7.5851	7.4856	7.5327	7.4482	7.3652	7.2464	6.9716
	意大利	7.4188	7.4534	7.6152	7.5497	7.2658	7.1062	6.8582
	瑞士	5.1245	5.1279	4.9427	4.8013	4.6795	4.5221	4.3217
SO_2	奥地利	5.8401	5.1878	4.3095	3.8597	3.4560	3.3006	2.9215
	英国	8.4728	8.2203	8.2186	7.7652	7.1147	6.5628	6.0283
	法国	8.0586	7.3114	7.1744	6.8802	6.4510	6.1317	5.6624
	意大利	8.1493	7.6314	7.4951	7.1899	6.6239	6.0055	5.3670
	瑞士	4.7193	4.6437	3.7033	3.2794	2.7587	2.7936	2.5225
GDP	奥地利	9.2637	9.5891	9.8777	10.0735	10.2944	10.4546	10.6432
	英国	9.0854	9.4518	9.7671	9.9561	10.2199	10.4521	10.4881
	法国	9.1754	9.4823	9.7752	9.9379	10.1655	10.3221	10.4891
	意大利	9.1728	9.5080	9.8135	9.9966	10.1906	10.2940	10.4464
	瑞士	9.6159	9.9223	10.1817	10.2657	10.4397	10.5692	10.8426

注：排放量为该国 CO_2、NO_x 和 SO_2 排放量（千吨）的对数值；GDP 为人均值的对数值

理论上，折算不同国家的 GDP 应当使用购买力平价，但由于我们没有获得 1991 年以后的购买力平价数据，因此，样本数据中的 GDP 折算采用的是市场汇率。这可能会使我们的回归结果与以往使用购买力平价的研究存在偏差，不过，由于样本中的四个国家汇率均可浮动，商品价格与世界市场联系比较密切，使用市场汇率与使用购买力评价对回归结果的影响应当不大。

二 标准模型的估计结果

为简化起见，我们将现有环境库兹涅茨曲线经验研究普遍使用的模型（4-1）简称为 EKC 的标准模型。本文所用的回归模型与标准模型完全相同，只是出于改进模型渐进性的目的，对变量进行了对数转换：

$$\ln E_{it} = a_{it} + \beta_1 \ln Y_{it} + \beta_2 (\ln Y_{it})^2 + \beta_3 (\ln Y_{it})^3 + \beta_4 t + \beta_5 Z_{it} + e_{it} \quad (4\text{-}2)$$

假定模型（4-2）为平行数据的固定效应模型，即 a_{it} 等于个体常数 a_i[①]。先不考虑收入之外的其他解释变量（即 $\beta_5 = 0$），引入 4 个虚拟变量之后，用普通最小二乘法（OLS）对模型（4-2）的参数进行估计，表 4-3 中的结果显示，β_1 和 β_3 为负数，而 β_2 却显著大于 0。这表明，环境压力指标与收入呈倒 N 形关

① 本文没有考虑平行数据的随机效应模型，因为现有的同时使用固定效应模型和随机效应模型的多数研究都发现，固定效应模型的估计结果优于随机效应模型。可以认为，气候、社会传统等国别因素是误差项的主要成本。

系，环境压力先随着收入的增加而递减，然后递增，紧跟着又递减。不过，这种趋势在很大程度上是由样本造成的，并不能反映环境压力与收入的内在联系，如在我们的样本数据中，英国、法国的污染排放量和收入都高于平均水平，三种污染物的排放量也都随时间的推移发生了下降。T检验表明，收入的三次方项为非显著变量，不应包括在模型中，剔除该项后（即令$\beta_3=0$）的参数估计结果同样见表 4-3。从中可以看出，各回归调整后的R^2为 0.66～0.93，模型的拟合优度较好。只有 CO_2 的变量系数在 1%显著水平下显著，且β_1为正数，β_2为负数，表明存在倒 U 形的环境库兹涅茨曲线，但我们计算的转折点收入明显高于已有研究，也远远超出现实中各国的实际收入水平。对 SO_2 和 NO_x 两种污染物来说，各系数不显著，虽然貌似同样为倒 U 形曲线，但是没有理论意义，况且计算出的转折点收入一个数值过大一个数值过小，对现实没有参考价值。

表 4-3　模型 4.2 的估计结果

回归系数	CO_2		NO_x		SO_2	
a	-44.680****	-12.473***	-37.025	-0.624	-1909.671***	-2.536
β_1	14.730***	4.538***	11.716	0.801	573.901***	1.985
β_2	-1.274***	-0.208***	-1.09	-0.001	-57.111***	-1.044
β_3	0.037***	—	0.036	—	1.888***	—
时间趋势	-0.304***	-0.357***	-0.633**	-0.751**	-0.901**	-0.870**
R^2	0.703	0.696	0.661	0.664	0.930	0.909
自相关情况（F值）	有（66.733）	有（66.751）	有（22.258）	有（23.430）	有（90.641）	有（99.327）
转折点收入	—	8103148	—	10^400	—	8.926

*、**和***分别表示在 10%、5%和 1%的置信水平下显著；β_4是各年份时间趋势参数估计值的平均值；转折点收入的单位为万美元

在样本数据中，大部分国家的污染物排放量呈下降趋势，模型的参数估计值与样本数据的整体趋势并不矛盾，因为对每一种污染物，时间变量参数β_4的数值均显著小于 0，这意味着，即使其他因素保持不变，三种污染物排放量每年也会下降。

当把环境压力随时间的这种自然下降趋势从模型中剔除后（即令$\beta_4=0$），重新估计的转折点收入与现有研究比较接近，见表 4-4。各项污染物指标的回归都呈现明显的倒 U 形曲线，但是转折点收入远远超出了目前各国经济发展水平。当在模型（4-2）中加入能源价格和人口密度两个其他解释变量后，SO_2 转折点对应的人均收入上升，这与 Suri 和 Chapman（1998）的观点相同，但 CO_2

和 NO_x 的情况没有支持这一观点。

虽然上述回归结果表明存在环境库兹涅茨曲线，但还不能肯定回归结果是否正确揭示了环境压力与收入之间的内在规律，因为针对自相关的检验结果表明，模型（4-2）存在严重的一阶自相关。这意味着，用普通最小二乘法估计该模型得到的上述参数估计量是非有效的。为了消除自相关，我们在模型（4-2）中加入解释变量 AR（1），重新进行回归，得到的转折点收入见表 4-4，倒 U 形曲线仍然存在。然而，随后我们进行 Ljung-Box Q 的滞后二期、滞后三期、滞后四期检验，统计量显示，加入 AR（1）并没有解决高阶自相关问题。而且，AR（1）估计的特征根接近于 1，说明存在单位根。如果污染排放量包含单位根，方差将不是稳定的，会随时间递增。污染排放量和收入之间的关系不能用模型（4-2）进行估计。有关单位根的检验将在下面讨论。

表 4-4　转折点收入与 AR（1）的估计值

回归系数	CO_2		NO_x		SO_2	
a	-10.422***	-11.982***	-36.733***	-60.827***	-42.351***	-54.594**
β_1	4.534***	4.463***	10.323***	14.760***	14.502***	15.667***
β_2	-0.199***	-0.199***	-0.473***	-0.772***	-0.677***	-0.713***
β_5 = 人口密度	—	0.583***	—	-0.894	—	1.952
β_6 = 对外开放度	—	0.000	—	0.015***	—	-0.004
β_7 = AR（1）	-0.332***	-0.335	-1.266**	0.060	-2.940***	-3.469***
R^2	0.670	0.690	0.652	0.725	0.907	0.908
转折点收入	2.5×10^7	1.6×10^7	8.2×10^6	3.6×10^5	5.1×10^6	9.7×10^6

*、**和***分别表示在 10%、5%和 1%的置信水平下显著；转折点收入的单位为万美元

三　标准模型的同质性和平稳性检验

到目前为止，已有的环境库兹涅茨曲线经验研究并没有对估计模型的有效性进行检验。上面的分析说明，环境库兹涅茨曲线标准模型暗含了三个假设。如果这三个假设不成立，该模型将不是一个有效的估计模型，经验研究得到的倒 U 形曲线也将不能用来支持环境库兹涅茨假说。本节要检验的是环境库兹涅茨曲线标准模型的同质性假设和平稳性假设。

环境库兹涅茨曲线标准模型是一个平行数据估计模型，其暗含的假定是，收入与环境压力间的关系在所有国家都相同。如果这一同质性假设不成立，就不应当使用平行数据回归环境压力与收入间的关系。Hsiao（1986）提出了两种

检验同质性的 F 检验，待检验的原假设分别为

H_1：横截距和参数均相同；

H_3：参数相同，横截距不同。

原假设 H_1 检验的是模型（4-2）应当使用截面数据还是面板数据。如果横截距和参数均相同，截面数据更为有效，反之则应选择面板数据。原假设 H_3 检验的则是模型应当用面板数据估计，还是用一个国家的时间序列数据估计。如果原假设 H_3 不成立，面板数据将不合适，模型只能用单个国家的时间序列数据进行估计。

验证上述两个原假设需要先分别用面板数据、截面数据和单个国家的时间序列数据估计模型（4-2），然后再根据三次估计的残差平方和进行 F_1 和 F_3 检验。如表 4-5 所示，三种环境压力指标的检验结果均在 1%的显著水平上明显拒绝了原假设 H_1 和 H_3。这表明，模型（4-2）的横截距和参数数值会随国家变化。对于我们样本中包括的国家来说，污染排放量与收入之间的关系并不相同。因此，环境库兹涅茨曲线标准模型暗含的同质性假设是不成立的，用平行数据估计得到的倒 U 形曲线并不适用于单个的国家。

表 4-5 标准模型的同质性检验

	CO_2	NO_x	SO_2
F_1	39.855	10.387	29.887
F_3	498.674	473.865	298.948

注：显著水平为 1%

环境库兹涅茨曲线标准模型假定环境压力与收入是趋势平稳的，引入线性时间趋势能够消除变量的自相关，保证方差随时间的平稳性。然而，正像前面所表述的那样，污染排放量可能包含单位根，因此，方差有可能会随时间的推移而递增。如果存在单位根，模型（4-2）确定的污染排放量和收入之间的关系将不是平稳的，该模型不能用于回归环境库兹涅茨曲线。

按照一般的定义，如果时间序列 x_t 可以表示成：

$$x_t = \rho x_{t-1} + \varepsilon_t \tag{4-3}$$

式中，ε_t 为白噪声，当 $\rho = 1$ 时，x_t 包含一个单位根，这意味着 x_t 不是稳定序列，外界对 x_t 的影响不会随时间的推移而消退，时间越长，x_t 的方差越大。在回归估计时，如果使用了这种非稳定的序列 x_t，会导致两方面问题。第一，因为 x_t 是自相关的，T 检验、F 检验等统计检验将失效。第二，用普通最小二乘法得到的解释变量和被解释变量之间的联系实际当中可能并不存在，导致虚假的回归结果。为防止虚假回归结果的出现，应预先检查变量的单位根。

检查单位根本质上就是确定式（4-3）中的 ρ 是否等于 1。最常用的检验方

法是由 Dickey 和 Fuller 在 1981 年提出的 ADF 检验（Augmented Dickey-Fuller test）。在该检验中，单位根检验的回归方程为

$$\Delta x_t = \alpha_0 + \alpha_1 x_{t-1} + \alpha_2 t + \sum_{j=1}^{k} \beta_j \Delta x_{t-j} + \varepsilon_t \tag{4-4}$$

其中，x_t 为待检验单位根的序列；t 为时间趋势；ε_t 为白噪声。ADF 检验首先要考察 α_1 是否为 0。如果 $\alpha_1 = 0$，序列 x_t 包含单位根，是非平稳序列，外界的冲击将对 x_t 造成永久性的影响。相反，如果 $\alpha_1 < 0$，外界冲击产生的影响会随时间的推移逐渐减弱，x_t 将能够回到长期平均值。如果 $\alpha_1 > 0$，外界冲击的影响将是爆炸性的。式（4-4）中的 α_0 是为了检验 x_t 随时间的线性偏移，如果存在这种偏移，可以在模型（4-2）中加入一个线性时间趋势项使 x_t 变为稳定序列。α_2 的目的是检验序列 x_t 中是否存在二次时间趋势，加入滞后期为 k 的 x_t 的一阶差分是为了保证式（4-4）中的随机误差项为白噪声，以使单位根检验本身不存在自相关问题。

式（4-4）定义的 ADF 检验要检验 α_0、α_1 和 α_2 是否同时为 0。然而，如果序列 x_t 不存在线性偏移或二次时间趋势，式（4-4）的单位根检验将存在偏差。为此，Dickey 和 Fuller 提出了三阶段的 ADF 检验，依次回归三个模型：

模型Ⅰ：式（4-4）；

模型Ⅱ：$\alpha_2 = 0$ 的式（4-4）；

模型Ⅲ：$\alpha_0 = \alpha_2 = 0$ 的式（4-4）。

只有当三个模型的回归结果均为不平稳时，我们才认为该组数据不平稳；只要其中一个模型的回归结果为平稳，则认为该数据平稳。当数据不平稳时，再依次检验其是否一阶平稳、二阶平稳、高阶平稳。按照常规做法，本书的单位根检验只进行到二阶。CO_2 回归所包含 25 个国家的检验结果见表 4-6，其他几项污染物数据情况类似，从中可以看出，绝大多数国家的数据是不平稳的。

表 4-6 单位根检验结果

国家	CO_2		GDP		人口密度		对外开放度	
	ADF	P 值	ADF	P 值	ADF	P 值	ADF	P 值
澳大利亚	1（1）	0.0333	1（0）	0.0345	二阶不平稳		二阶不平稳	
奥地利	二阶不平稳		1（0）	0.0305	二阶不平稳		二阶不平稳	
比利时	1（0）	0.0095	1（0）	0.049	二阶不平稳		二阶不平稳	
加拿大	二阶不平稳		二阶不平稳		二阶不平稳		二阶不平稳	
丹麦	1（1）	0.0569	1（0）	0.0370	1（0）	0.0244	二阶不平稳	
芬兰	1（0）	0.0144	二阶不平稳		二阶不平稳		二阶不平稳	
法国	1（0）	0.0025	1（0）	0.0303	二阶不平稳		二阶不平稳	

续表

国家	CO_2		GDP		人口密度		对外开放度	
	ADF	*P* 值	ADF	*P* 值	ADF	*P* 值	ADF	*P* 值
希腊	二阶不平稳		二阶不平稳		1（0）	0.0053	二阶不平稳	
冰岛	1（1）	0.0901	1（0）	0.0860	二阶不平稳		二阶不平稳	
爱尔兰	二阶不平稳		二阶不平稳		二阶不平稳		二阶不平稳	
意大利	二阶不平稳		1（0）	0.0006	二阶不平稳		二阶不平稳	
日本	二阶不平稳		1（0）	0.0000	1（0）	0.0000	二阶不平稳	
韩国	二阶不平稳		1（0）	0.0000	1（0）	0.0000	二阶不平稳	
卢森堡	二阶不平稳		二阶不平稳		1（0）	0.0817	二阶不平稳	
墨西哥	1（0）	0.0016	二阶不平稳		1（0）	0.0000	二阶不平稳	
荷兰	1（1）	0.0011	二阶不平稳		二阶不平稳		二阶不平稳	
新西兰	二阶不平稳		1（0）	0.0007	二阶不平稳		1（0）	0.0983
挪威	二阶不平稳		二阶不平稳		二阶不平稳		1（0）	0.0281
葡萄牙	二阶不平稳		1（0）	0.0911	二阶不平稳		1（1）	0.0643
西班牙	二阶不平稳		1（0）	0.0728	二阶不平稳		二阶不平稳	
瑞典	1（0）	0.0782	1（1）	0.0905	二阶不平稳		二阶不平稳	
瑞士	1（1）	0.0291	二阶不平稳		二阶不平稳		二阶不平稳	
土耳其	二阶不平稳		二阶不平稳		1（0）	0.0000	二阶不平稳	
英国	二阶不平稳		1（0）	0.0002	二阶不平稳		二阶不平稳	
美国	二阶不平稳		1（1）	0.0002	二阶不平稳		1（0）	0.0299

尽管 ADF 检验表明，所有国家的收入数据都包含单位根，实际中的 GDP 是否真的存在单位根还有很大的不确定性。Dolado 等（1990）的研究发现，当时间序列包含时间偏移和二次时间趋势时，ADF 检验会夸大单位根的可能性。但可以肯定的是，污染排放量数据包含单位根。这意味着在环境库兹涅茨曲线标准模型中，线性时间趋势项的加入并不能消除自相关问题，模型中的误差项不是白噪声，以此为基础得到的环境库兹涅茨曲线很可能是错误回归的结果。

四 标准模型的长期均衡性检验

同质性检验和单位根检验的结果直接影响着估计模型的选择。缺乏同质性意味着只能使用一个国家的时间序列数据估计环境压力和收入之间的关系，不能使用平行估计。而数据中单位根的存在则要求在进行回归之前，必须对数据进行差分，以获得平稳序列。正如上一节所述，GDP 是否存在单位根尚存在争议。如果 GDP 也包含单位根，我们将需要对标准模型（4-1）的两端同时进行差分，为了简化起见，假定 β_3 和 β_5 为 0，差分后的环境库兹涅茨曲线标准模型变为如下形式：

$$\Delta E_i = \beta_{1i}\Delta Y_i + \beta_{2i}\Delta Y_i^2 + \beta_{4i} + \varepsilon_{it} \tag{4-5}$$

与模型（4-2）相似，本文在估计时仍然使用变量的对数形式，因此模型（4-5）实际估计的是收入的增长对污染排放量增长的影响。这里存在的问题是，模型（4-5）右边的第一项和第二项几乎是共线的。对整个样本中收入的一阶差分和收入二次项的一阶差分进行的回归表明，R^2 为 0.999，t 统计值为 322，因此这两个变量不应包括在一个回归方程中。将模型（4-5）中的第二个变量剔除后，可以得到如下的回归方程：

$$\Delta E_i = \beta_{0i} + \beta_{1i}\Delta Y_i + \varepsilon_{it} \tag{4-6}$$

式中，系数 β_{0i} 代表污染排放量的年增长率（$\beta_{0i} > 0$）或年下降率（$\beta_{0i} < 0$）；β_1 反映的是经济增长对污染排放水平的影响。当 $\beta_1 > 0$ 时，经济增长会直接增加污染排放量。如果经济增长本身会引致更为严格的环境政策，那么模型（4-6）中的 β_1 将是负数。若经济增长与污染排放量的变化无关，则 β_1 将会接近于 0。

在利用上述样本数据对模型（4-6）进行估计的过程中，为了使残差项为白噪声，我们在回归的时候增加了 ΔE_i 的滞后变量，并用 DW 检验和 Q 统计值来保证数据中不会存在显著的一阶和高阶自相关。从表 4-7 可以看出，模型（4-6）的总体拟合优度尚可。在我们就二氧化碳排放量进行的 25 次回归中，β_1 的估计值为正数的情况超过半数，说明经济增长在多数情况下导致了更高的污染排放量。这表明，当纠正了回归模型的问题时，以往研究得出的经济增长有利于环境的结论并不成立。

表 4-7　模型（4-6）的回归结果

国家	lnGDP	平方项	滞后项	立方项	人口密度	对外开放度
澳大利亚	0.369	0.002				
	0.7	−0.015	0.009			
		0.04*		−0.01		
		0.038		−0.001	−0.579	0.003
奥地利	−0.497	0.036				
	0.37	0.015	−0.43			
		−0.01		0.001		
		0.336***		−0.023***	3.828***	0.008***
比利时	−0.408	0.018				
	2.406	−0.115	−0.126			
		−0.014		0.001		
		−0.415*		0.029*	−3.309	−0.005*

续表

国家	lnGDP	平方项	滞后项	立方项	人口密度	对外开放度
加拿大	-0.395	0.032				
	2.984**	-0.083	-1.016**			
		-0.001		0.001		
		-0.107*		0.009**	-1.471**	0.005***
丹麦	6.818***	-0.347***				
	11.266***	-0.521***	-0.892			
		0.344***		-0.023***		
		0.434		-0.03	4.304	-0.003
芬兰	0.813	-0.032				
	5.236**	-0.217**	-0.687			
		0.057		-0.003		
		0.152		-0.01	-1.025	0.003
法国	-5.701***	0.281***				
	-3.796**	0.207***	-0.408			
		-0.291***		0.019***		
		-0.414**		0.029*	-4.593	0.002
希腊	10.299***	-0.504***				
	11.311***	-0.523***	-0.616***			
		0.559***		-0.036***		
		0.615***		-0.040***	-0.573	0.001
冰岛	2.484	-0.112				
	8.051***	-0.343***	-0.826*			
		0.143*		-0.009		
		-0.191		0.014	-0.522	-0.006***
爱尔兰	1.223	-0.047				
	1.679*	-0.055	-0.0293			
	-50.377**	5.235**		-0.18**		
		-0.071		0.006	-1.54***	-0.001
意大利	2.13	-0.099				
	4.926***	-0.202**	-0.722*			
		0.123*		-0.008		
		-0.256		0.019*	-4.309***	-0.001

续表

国家	lnGDP	平方项	滞后项	立方项	人口密度	对外开放度
日本	0.518	-0.013				
	3.091***	-0.118**	-0.451*			
		0.047		-0.002		
		-0.168		0.012	2.443	-0.005
韩国	0.856**	-0.014				
	1.338**	-0.037*	-0.046			
	-28.136**	3.175***		-0.116***		
	-31.244*	3.534*		-0.131*	0.964	0.001
卢森堡	-3.596**	0.175**				
	-2.556	0.137	-0.218			
	28.442	-2.880		0.097		
	-11.150	0.265		0.021	-4.798***	-0.003**
墨西哥	1.481	-0.057				
	1.736	-0.065	-0.099			
		0.108		-0.006		
		0.026		-0.001	0.217	0
荷兰	0.425	-0.016				
	2.352**	-0.111*	0.014			
		0.030		-0.002		
		-0.076		0.004	4.121	-0.001
新西兰	9.204***	-0.442***				
	13.351***	-0.646***	-0.113			
		0.513***		-0.033***		
		0.577***		-0.039***	1.283	0
挪威	-5.091***	0.260***				
	-5.766***	0.27***	0.479			
	8.477	-1.08		0.044		
	-10.003	0.679		-0.012	-0.524	-0.008
葡萄牙	8.564***	-0.424***				
	10.156***	-0.501***	-0.094			
		0.494***		-0.033***		
		0.505***		-0.034***	1.269	-0.007

续表

国家	lnGDP	平方项	滞后项	立方项	人口密度	对外开放度
西班牙	-1.96	0.12				
	0.231	0.115	-2.028***			
		-0.076		0.006		
		-0.625***		0.047***	-5.589***	0.001
瑞典	-4.186**	0.198**				
	-1.720	0.117	-0.815***			
		-0.218***		0.014**		
		-0.186*		0.012	-0.143	0.002
瑞士	3.282***	-0.16***				
	3.743***	-0.191***	0.197			
		0.161***		-0.010***		
		0.084		-0.005	-0.664	-0.002
土耳其	3.878***	-0.172***				
	4.359***	-0.197***	-0.028			
	-5.831	0.923		-0.041		
	3.342	-0.179		0.002	0.71*	-0.001
英国	1.632	-0.086				
	2.817**	-0.106**	-0.768**			
		0.080		-0.006		
		-0.048		0.004	-2.711***	-0.003*
美国	0.544	-0.017				
	3.205***	-0.1**	-0.911***			
		0.042		-0.002		
		0.095		-0.006	0.244	0.005

*、**和***分别表示在10%、5%和1%的置信水平下显著

需要注意的是，模型（4-6）实际上是一个短期模型，其反映的只是经济增长对环境压力的短期影响，估计经济增长对环境压力的长期影响应当使用水平变量。环境库兹涅茨曲线的标准模型（4-1）选择收入水平作为环境压力的解释变量，正是希望揭示经济增长与环境压力的长期均衡关系。然而，污染排放量的时间序列是非平稳的，不能直接用模型（4-1）进行估计，但若进行差分就又变成了模型（4-6），因此，对于包含单位根的非平稳序列，似乎不可避免地要损失变量间的长期关系。1987年，Engle和Granger最先证明，可以用误差修正模

型来估计包含单位根的水平变量的长期关系，但前提是，两个变量必须是协整的。协整的经济意义在于，两个变量虽然具有各自的长期波动规律，但二者之间存在着一个长期稳定的比例关系。为了检验两个变量 X_t 和 Y_t 是否为协整，Engle 和 Granger 提出了两步检验法。

第一步，用普通最小二乘法估计方程

$$X_t = \lambda_0 + \lambda_1 t + \sum_{i=2}^{h} \lambda_i F_i(Y_i) + \mu_i \tag{4-7}$$

第二步，检验 μ_t 的平稳性。典型的检验方法是 AEG 检验，检验方程为

$$\Delta\mu_t = \alpha_1 \mu_{t-1} + \sum_{i=2}^{k} \alpha_i \Delta\mu_{t-i} + e_t \tag{4-8}$$

式中，k 为确保 e_t 为白噪声所引入的滞后变量的阶数。如果 $\alpha_1 = 0$，μ_t 包含单位根，X_t 和 Y_t 不具有协整关系。如果 $\alpha_1 < 0$，外界对 μ_t 的冲击会随时间逐渐消退，μ_t 是平稳序列，X_t 和 Y_t 是协整。

不难看出，环境库兹涅茨曲线的标准模型（4-1）是式（4-7）的一种具体形式，针对该模型的 AEG 检验结果见表 4-8（只包含了 CO_2 回归的 25 个国家，其他污染物情况类似）。可见，只有澳大利亚、芬兰、法国等少数几个国家的 CO_2 与收入是显著协整的，其他大部分国家没有显著协整关系或者显著不存在协整关系。从上述协整检验可以看出，环境库兹涅茨曲线的标准模型（4-1）暗含的长期均衡假设并不成立。因为多数污染排放量数据与收入不存在协整性，用模型（4-1）回归得到的环境库兹涅茨曲线是极其不稳定的，任何外界影响都会改变污染排放量随收入的变化路径。将这种不稳定的倒 U 形曲线解释为经济增长能够减轻环境压力显然是不正确的。

表 4-8　协整检验的结果

国家	协整个数	Lag	国家	协整个数	Lag
澳大利亚	1**	1	卢森堡	0**	1
奥地利	0	1	墨西哥	1**	1
比利时	0	1	荷兰	0**	4
加拿大	0**	1	新西兰	0**	1
丹麦	0**	2	挪威	0**	1
芬兰	1**	1	葡萄牙	0**	2
法国	1**	1	西班牙	0	4
希腊	0	2	瑞典	1**	1
冰岛	1**	1	瑞士	1**	1

续表

国家	协整个数	Lag	国家	协整个数	Lag
爱尔兰	0**	1	土耳其	0**	1
意大利	1**	1	英国	0**	2
日本	0	1	美国	1**	3

**表示 AEG 检验的结果在 5%的置信水平下显著；Lag 为 AEG 检验中所包括的滞后变量的阶数

环境库兹涅茨曲线假说认为经济增长能够减轻环境压力，本节从回归模型是否有效这一被现有研究所忽略的角度考察了环境库兹涅茨曲线与该假说之间的关系。我们以污染排放量作为环境压力的衡量指标，利用一组时间跨度较长的样本数据，对环境库兹涅茨曲线标准模型暗含的三个假设进行了同质性检验、单位根检验和协整检验，结果表明，收入与污染排放量之间的关系因国家而异，不能将不同国家的时间序列数据组成平行数据进行估计（表 4-6）；对于一个国家而言，污染排放量数据包含单位根，收入数据也有很大可能包含单位根，是非平稳的（表 4-7），而且，收入与污染排放量之间不存在协整关系（表 4-8）。因此，经验研究发现的环境库兹涅茨曲线是建立在伪回归基础之上的，不能用来支持经济增长能够减轻环境压力的论断。调整估计模型之后，同一组样本数据的回归结果表明，经济增长会增加污染排放量，因此，观察到的污染排放量下降很可能与经济增长无关，而是因为经济增长之外的其他原因。

第三节 可持续经济增长的非自发性与环境库兹涅茨曲线的成因

环境库兹涅茨曲线假说认为，环境恶化只是经济增长过程中的阶段性现象，经济增长路径会自发地向可持续经济增长路径收敛。第二节的分析说明，因为回归模型暗含的假设与实际不符，尽管很多经验研究发现了倒 U 形的环境库兹涅茨曲线，却不能用来支持这一假说。而且，环境库兹涅茨曲线的回归模型是一个简化模型，其描述的只是环境压力与经济增长之间的关系，并没有说明是什么原因导致了这种关系。那么，如何解释观察到的部分环境压力指标随经济增长的下降现象？结构效应和技术效应是否会自动抵消规模效应，从而使经济增长不会带来环境压力的增长？这些问题促使很多学者从理论角度分析环境库兹涅茨曲线的成因，证明可持续经济增长的自发性。

一 环境库兹涅茨曲线成因的现有理论解释

在很多学者看来，倒 U 形环境库兹涅茨曲线是“看不见的环境之手”作用的结果，正如价格机制会协调资源的优化配置一样，经济当中也存在着能够协调经济增长与环境可持续矛盾的机制，使得经济增长路径自动向可持续路径收敛。然而，对于这只“看不见的环境之手”到底是什么，现有研究并没有达成共识。

1. 市场竞争压力

一种观点认为，观察到的部分环境压力指标与收入间的倒“U”形关系是市场竞争压力导致的结果。伴随着经济增长，市场竞争会越来越激烈，巨大的成本压力一方面迫使厂商提高资源的使用效率，降低单位产出的资源消耗量；另一方面会激励厂商用新的资本存量更新原有的资本存量，由于新的资本存量效率更高，所以环境压力会随经济增长自动趋于减轻。Bulte 和 Van Soest（2001）以厂商的生产决策为例，构建了两部门的生产模型，表明竞争压力导致的价格变化会改变厂商的自然资本利用决策，形成倒 U 形的环境库兹涅茨曲线，Steger（1996）利用内生经济增长模型也得出相似的结论。

但是，市场竞争压力能否充当“看不见的环境之手”，在很大程度上要取决于自然资本的价格。竞争压力只会影响有价格的生产要素。现有的理论研究往往假定价格机制同样适用于自然资本，而在实际当中，由于外部性和公共产品性质，多数自然资本没有价格或价格被低估，所以价格信号不能正确反映自然资本的稀缺程度，市场竞争压力很难真正影响到厂商对自然资本的使用决策。寄希望于通过竞争压力使经济增长路径自动地向可持续路径收敛是不现实的。

2. 产业结构的变化

第二种观点认为，观察到的环境库兹涅茨曲线是经济发展自然进程的反映。一个国家在收入较低的时候出于维持生计的需要会集中发展农业，农业在总产出中所占比重较大，环境压力较低。随着工业化的到来，为了满足对住房、基础设施等耐用消费品的需求，重工业成为优先发展的重点，自然资源消耗和污染的增长速度高于经济增长的速度，环境压力增加。当收入增长到一定阶段之后，发展的重点会转向轻工业，最终服务业在总产出中所占比重逐渐增大，成为一国的支柱产业，伴随着经济增长，环境压力会逐渐减轻。由于产业结构的这种变化是由经济增长过程中资本的积累和知识密集型产业的重要性日益上升所导致的，与政府的政策无关，所以会使环境压力自发地经历先增后降的过程，加速经济增长是实现可持续经济增长的最根本举措。Malenbaum（1978）、Baldwin（1995）及 Panayotou（1993）等利用不同的理论模型均得出了上述结论。支持此观点的实证研究也有很多，如李春米（2010）依据陕西省改革开放后数据分析环境污染治理投资与当地第一、第二、第三产业产值变动的格兰杰因果关系，结论为该省区域经济的环境库兹涅茨曲线基本存在。

用产业结构的变化解释“看不见的环境之手”实质是假定，经济增长能够自动引致有利于环境的结构效应，这种观点虽然看起来很有说服力，但经验研究的结论却存在分歧。例如，Suri 和 Chapman（1998）在收入和环境压力的回归模型中增加了 GDP 中的工业份额作为解释变量，发现该变量对能源消耗水平的影响显著为正，表明工业的产出份额越高，能源消耗量越高。Kaufmann（1998）用单位 GDP 的钢材出口量作为经济结构的衡量指标，发现钢材出口水平越高，SO_2的浓度越高。Peters 和 Hertwich（2008）则测算了 2001 年 87 个国家的贸易含碳量，发现《京都议定书》缔约方（发达国家）全部为 CO_2 净进口国。然而，运用分解分析技术的很多研究却显示，产业结构的变化并不是经济增长过程中环境压力的主要决定因素，无论是污染排放量，还是能源消耗量都是如此。其次，产业结构的变化影响的只是一个经济的产出结构，如果消费结构没有发生相应的变化，对环境密集型产品的需求必定要通过进口来满足。这意味着，污染产业和其他资源消耗量高的产业会转移给其他国家，本国环境压力的下降是以它国环境压力的上升为代价的。此外，产业结构的变化只会影响单位产出的环境压力，即便产业结构沿着农业—工业—服务业的路径变化，也不能保证经济增长的总体环境压力一定会减轻。

3. 经济个体的偏好变化

对环境库兹涅茨曲线成因的第三种解释是，当一国的收入达到某一特定水平之后，环境舒适度对经济个体的价值会越来越高。换句话说，环境是一种需求收入弹性大于 1 的奢侈品。穷人为了生存很少关心环境质量，但是，随着经济增长，当人们的收入超过特定的水平时，对环境质量的需求将迅速上升，并且上升的速度会快于收入的增长速度。这一方面将促使人们增加用于环境保护的预算，为环境组织捐款，或者选择消费更加环保的产品；另一方面则会激励他们通过选举、外交谈判、推进制度变革等要求政府采取更为严格的环境保护政策。所有这一切将引致有利于环境的结构效应和技术效应，推动经济增长路径自发向可持续经济增长路径收敛。Grossman 和 Kruger（1991）指出，一个经济在变富的过程中，其成员对环境质量的需求量会急剧上升，这会改变经济增长与环境的矛盾关系。Kwon（2001）利用内生经济增长模型证明，当经济个体的效用中环境舒适度对物质消费的边际替代弹性大于 1 时，经济增长与环境压力之间会存在环境库兹涅茨曲线。Jaeger（1998）通过假定消费者对清洁环境的需求随收入增长而提高，也同样得出了污染与收入具有倒 U 形关系的结论。

然而，经济个体偏好的变化是否真的能够充当“看不见的环境之手”，从现实的角度来看存在很大的不确定性。很多经验研究都发现，环境的需求收入弹性虽然大于 0，却显著小于 1。这表明，环境并不是一种奢侈品，以此为基础导出的经济个体偏好变化很可能是不存在的。另外，对于很多低收入群体，尤其是农村人口来说，环境和自然资源是其谋生的直接来源，他们最不愿意看到环境退化，并不一定要等到变富才会使他们关心环境的质量。正如 Shafik（1994）所指出的那样，“有些环境问题与生计有关，人们对避免这类环境危害的支付意愿是无穷大的，人均收入水平影响的只是支付的能力，而不是支付的意愿”。此外一个普遍的现象是，收入提高之后，人们更可能选择离开环境恶化的地区，而不是去改善环境，只有穷人才不得不承担环境恶化的成本。如针对非洲西部的布基纳法索共和国省间人口迁移的多变量分析结果表明环境变量对人口迁移的作用有 5%，Findley（1994）对 20 世纪 80 年代马里地区人口迁移的观察结果则证实受旱灾影响的人群中，缺乏旅费者无法选择国际移民的方式。还需注意的是当一种环境物品的消费不具有排他性时，每个经济个体都会缺乏以可持续的方式使用环境资源的激励，此时，对环境质量需求的增加反而会导致环境退化，旅游业就是最典型的例子。假定收入的变化会转变人们对环境的态度至少从目前来看是与现实不符的。

4. 制度变化

除了上述三种解释之外，还有一种观点认为，环境问题与外部性有关，解决这种外部性需要相对完善的集体决策机制，而只有发达国家才能够建立这种决策机制。例如，Jones 和 Manuelli（1995）构建了一个代际交叠模型，使经济增长速度由市场决定，污染管制措施由年轻一代集体决定。结果表明，根据决策方式不同，污染与收入之间的关系既可以是倒 U 形，也可以是单调递增，甚至可能为 S 形。

发达国家建立相关机制的实践确实存在，如美国实施强制性环境污染责任保险制度，英国实施任意责任保险模式，德国实施强制责任保险与担保制度或财务担保相结合的制度，又如意大利成立联保集团，集合国内 70 余家保险公司共同承担风险较高、损失数额较大的污染事件，避免单一保险公司无力承担的状况等。但是由于制度变化难以量化，能够证明制度发展促进环境治理观点的经验研究很少。Shafik 和 Bandyopgdhyay（1992）考察了民主程度对硫化物浓度的影响，结果却是越民主的国家，硫化物浓度越高。

上面的分析说明，现有研究对环境库兹涅茨曲线成因的解释在实际当中很难站得住脚，经验研究的结论更多地显示，“看不见的环境之手”只是理论上的设想，实际当中并不存在。那么，如何解释部分环境压力指标与收入之间显现出的倒 U 形关系呢？从现有的经验研究不难发现，存在倒 U 形关系的环境压力指标几乎都集中在污染物上。本书将在现有研究的基础上，利用一个简单的微观模型，从消费和污染治理间的技术联系入手分析经济增长和环境间的关系。我们的模型表明，污染治理的规模收益递增是观察到的环境库兹涅茨曲线存在的最基本原因，与经济增长的内生变化无关。

二　污染治理的规模收益与环境库兹涅茨曲线

1. 污染与收入关系的基本模型

为简化分析，首先考虑经济中只存在一个家庭的情况。此时，不存在外部性，个体最优就是帕累托最优。假定家庭的消费 C 会导致污染 P，家庭的效用函数为

$$U = U(C,P) \tag{4-9}$$

式中，$U_C > 0$，$U_P < 0$。由于污染是消费的副产品，所以家庭可以采用两种方法降低污染：一是治理污染，二是减少消费。令 E 表示家庭用于污染治理的资源投入量，则有

$$P = P(C,E) \tag{4-10}$$

且 $P_C > 0$，$E_C < 0$。假定家庭可用于生产和污染治理的资源禀赋总量为 M，将 C 和 E 的相对成本标准化为 1，则资源约束条件可简化为 $C+E=M$。M 同时也是经济中的总收入。

考虑效用函数和污染函数的一种简单形式：

$$U = C - zP \tag{4-11}$$

$$P = C - C^{\alpha}E^{\beta} \tag{4-12}$$

式（4-11）中的常数 z 为污染的边际效用损失，且 $z > 0$。在式（4-12）中，C 为治理前的总污染量，污染治理函数 $C^{\alpha}E^{\beta}$ 采用了标准的柯布-道格拉斯形式。假定家庭的目标是通过决定消费和污染治理的资源投入量来实现个人效用的最大化。当 $z=1$ 时，将式（4-12）带入式（4-11），在满足资源约束条件 $C+E=M$ 的前提下，最优的生产投入量和污染治理投入量分别为

$$C^{*} = \frac{\alpha}{\alpha+\beta}M \tag{4-13a}$$

$$E^{*} = \frac{\beta}{\alpha+\beta}M \tag{4-13b}$$

将上述两式代入式（4-12），可以解得最优的污染排放量为

$$P^{*}(M) = \frac{\alpha}{\alpha+\beta}M - \left(\frac{\alpha}{\alpha+\beta}\right)^{\alpha}\left(\frac{\beta}{\alpha+\beta}\right)^{\beta}M^{\alpha+\beta} \tag{4-14}$$

环境库兹涅茨曲线的形状由式（4-14）的一阶导数决定：

$$\frac{\partial P^*}{\partial M}=\frac{\alpha}{\alpha+\beta}-(\alpha+\beta)(\frac{\alpha}{\alpha+\beta})^{\alpha}(\frac{\beta}{\alpha+\beta})^{\beta}M^{\alpha+\beta-1} \tag{4-15}$$

当$\alpha+\beta=1$时，由柯布-道格拉斯函数的性质可知，污染治理具有不变的规模收益，$\partial P^*/\partial M$为常数。在$0\leqslant\alpha,\beta\leqslant1$的情况下，如图4-4（a）所示，$P^*$将随$M$增长。当$\alpha+\beta\neq1$时，式（4-14）的二阶导数为

$$\frac{\partial^2 P^*}{\partial M^2}=-(\alpha+\beta-1)(\alpha+\beta)(\frac{\alpha}{\alpha+\beta})^{\alpha}(\frac{\beta}{\alpha+\beta})^{\beta}M^{\alpha+\beta-2} \tag{4-16}$$

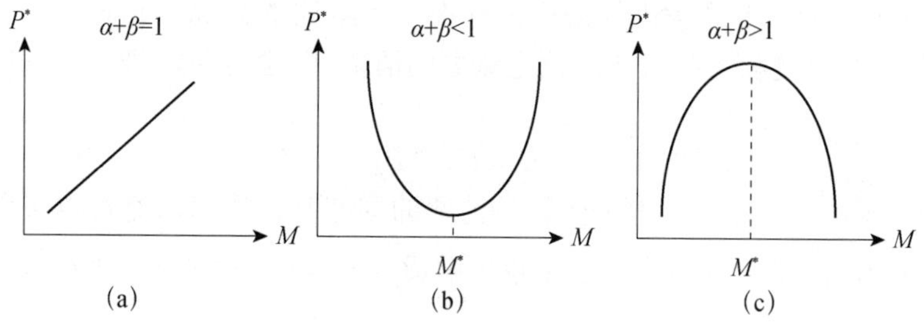

图4-4 最优的污染-收入路径

当$\alpha+\beta<1$时，污染治理的规模收益递减，$\partial^2P^*/\partial M^2>0$，如图4-4（b）所示，污染与收入间将呈U形关系。而当$\alpha+\beta>1$时，污染治理具有递增的规模收益，$\partial^2P^*/\partial M^2<0$，污染与收入间的关系如图4-4（c）所示呈倒U形，这正是环境库兹涅茨曲线所描述的状况。

当$z\neq1$时，最优的生产资源投入量，即消费量为

$$C^*=\frac{\alpha}{\alpha+\beta}M+\frac{1-z}{z(\alpha+\beta)C^{\alpha-1}(M-C)^{\beta-1}} \tag{4-17}$$

尽管z值的变动会影响各个收入水平上C^*和P^*数值的大小，但污染治理具有递增的规模收益仍然是环境库兹涅茨曲线成立的充分条件。

2. 环境库兹涅茨曲线成立条件的一般推导

以上通过简化模型的函数形式分析了环境库兹涅茨曲线的成立条件，下面将把这种分析推广到模型的一般形式。考虑上面模型的一般形式：

$$\begin{aligned}U&=U(C,P)\\P&=C-A(C,E)\\&=C-A(C,M-C)\end{aligned} \tag{4-18}$$

式中，A（）是污染治理的生产函数。污染与收入间存在倒U形关系的充分条件可定义如下

定理1：假定效用函数$U(C,P)$相对于C和$-P$都是准U形的，即消费和清洁的环境都是正常物品。如果存在数值θ，能够使得

$$\underset{C\to M}{Lim}\,R(C)=\frac{\partial U(C,0)/\partial C}{\partial U(C,0)/\partial P}\geqslant\theta>-\infty \tag{4-19}$$

并且，A（）为 U 形的 k 阶奇次函数，k>1，且 $A(0,x)=A(x,0)=0$。当满足上述条件时，在任何一个收入水平上的正的污染排放量都将随收入的增加最终减少为 0。

定理 1 描述的实际上就是环境库兹涅茨曲线。当收入为 0 的时候（M=0），消费和污染都是 0。而当收入达到某一较高水平时，污染排放量同样也会减少为 0。因此，如果在特定收入水平上存在正的污染排放量，那么最优的污染路径必定是从 0 增加到这一水平，然后再随收入的增加减少为 0。这正是经验数据所反映的污染与收入之间的倒 U 形关系。

图 4-5 说明了定理 1 的证明过程。图 4-5（a）为资源约束线和污染治理的等产量线。由于污染治理函数 A（）是奇次函数，可以将 C 和 E 单位化为 C/M 和 E/M，即每元收入中用于消费和污染治理的比例。在当前资源约束下所能达到的最大污染治理量为 Q_1。图 4-5（b）说明了总污染排放量（C/M）、污染治理量（A/M）和实际污染排放量（P/M）之间的关系。由式（4-18）可知：$P/M=C/M-A/M$，因此曲线 C/M 与曲线 A/M 相减就可以得到污染量曲线 P/M，其表示的是家庭对决定效用的两件物品消费 C 和污染 P 所做的取舍。当收入 M 增加时，污染排放量的变化取决于污染治理函数 A（）的奇次阶数 k。如果 $k=1$，当收入 M 增加一倍时，消费量 C、治理污染的资源投入量 E 和污染治理量都增加 1 倍，图形的位置不会发生变化。如果 $k<1$，则污染治理的规模收益递减，收入 M 增加一倍时，污染治理的增加量小于 1 倍，因此 P/M 会增加。而如果 $k>1$，由于污染治理活动具有递增的规模收益，收入增加 1 倍时，污染治理的增加幅度将高于 1 倍，如图 4-5（b）所示，曲线 P/M 将向下移动。

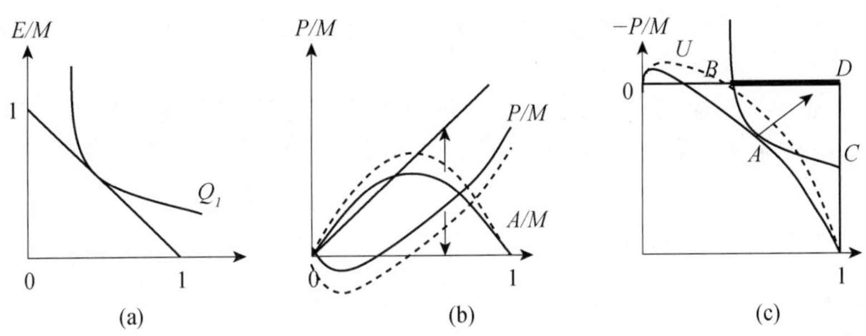

图 4-5　定理 1 的证明过程

为便于分析，图 4-5（c）将图 4-5（b）中的 P/M 曲线沿横坐标轴进行了翻转。翻转后的曲线实际上是家庭在给定的收入约束 M 下的消费可能性边界。由无差异曲线 U 和消费可能性边界决定的消费量和污染量的最优组合为 A 点，此时经济中存在一定的污染。当 M 增加时，在 $k>1$，即污染治理活动具有递增的规模收益时，消费可能性边界曲线会向右上方移动。A 点会越来越接近 D 点，即 $C/M=1$，$P=0$。只要无差异曲线 U 不会变成一条垂线，当收入达到足够高时，A 点最终将落在线段 BD 的范围内，即经济中的污染排放量将减少为 0。而当 $P=0$ 时，效用的无差异曲线不会陡峭成一根垂线正是式（4-19）所假定的内容。这实际上是要求家庭不会无限制地以污染环境为代价增加物质消费。或者反过来说，当收入增长到无穷大时，家庭对清洁环境的边际支付意愿不为 0。这一条件在现实生活中是普遍成立的。

由于式（4-19）中的条件是普遍成立的，因此，$k>1$，污染治理活动的规模收益递增就是环境库兹涅茨曲线成立的充分条件。

3. 多个经济个体的情况

到现在为止，我们的分析针对的是经济中只存在一个家庭的情况。这说明，外部性并不是环境库兹涅茨曲线存在的必要条件。事实上，我们的模型可以很容易扩充到多个经济个体的情况。为说明这一点，考虑下面的模型：

$$U_i = C_i - P, \qquad i=1,\cdots,n \tag{4-20}$$

$$P = C - C^{\alpha}E^{\beta}, \qquad C=\sum_i C_i, E=\sum_i E_i \tag{4-21}$$

$$M_i = C_i + E_i \tag{4-22}$$

假定家庭 i 按照纳什博弈的方式制定自己的消费决策，由一阶条件可以解得最优反应方程为

$$C_i^* = \frac{\alpha}{\alpha+\beta}M_i + \left[\frac{\alpha}{\alpha+\beta}\sum_{j\neq i}M_j - \sum_{j\neq i}C_j\right] \tag{4-23}$$

如果所有的家庭都按照这种方式制定各自的消费决策，则纳什均衡解为

$$C_i^* = \frac{\alpha}{\alpha+\beta}M_i \qquad i=1,\cdots,n \tag{4-24}$$

在这种情况下，污染与收入之间的关系与单个家庭的情况完全相同。当且仅当 $\alpha+\beta>1$，污染治理活动具有递增的规模收益时，污染与收入才会存在倒 U 形关系。

需要注意的是，当存在多个经济个体时，污染的外部性导致个体的最优并不能保证社会整体的帕累托最优。从社会角度看，最优的消费和污染水平应当使社会整体效用最大化，即

$$\max\sum_i U_i = \sum_i C_i - NP \tag{4-25}$$

这一总效用函数与式（4-11）中的个人效用函数形式完全相同，因此相应的解也具有同样的形式。由于 $N>1$，比较个体最优解和社会最优解可以看出，从社会

角度而言，单个的家庭用于消费的资源过多，而对污染治理投入的资源过少。

4. 对污染治理规模收益递增的实证检验

以上通过微观经济模型证明了污染治理活动具有递增的规模收益是环境库兹涅茨曲线成立的充分条件。那么在实际当中，污染治理活动是否真的具有递增的规模收益呢？

一般来说，污染治理技术普遍具有固定成本投资大而运行成本相对较低的特点，尤其是高效的污染处理技术。因此，规模越大，每单位污染物的治理成本会越低。为了进一步验证这一点，本书对我国 31 个省（自治区、直辖市，港澳台地区数据并统计在内）的工业部门 2009～2013 年的污染治理数据进行了回归分析。被解释变量为每个省份的各工业部门在不同年份的污染治理开支（PAC），回归结果如表 4-9 所示。在第（1）栏中，解释变量只选取代表行业总体污染规模的行业总产值（GIP）。GIP 的平方项系数为负，并在统计上具有显著性，这说明，当一个行业的规模扩大 1 倍时，污染治理费用的增长幅度小于 1 倍，即污染治理活动具有递增的规模收益。为了消除时间趋势和不同地区在环境管制政策上的差异对 GIP 平方项系数的影响，在第（2）栏中，增加了代表时间趋势的解释变量 T 和省份虚拟变量。引入这两个变量后，GIP 平方项的系数虽然减少，但仍然为负，且具有统计上的显著性。第（3）栏进一步引入了行业虚拟变量，回归结果同样表明，污染治理活动具有递增的规模收益。

表 4-9　我国 31 个省（自治区、直辖市）工业部门的污染治理成本的 OLS 回归分析（2009～2013 年）

被解释变量：PAC	只考虑 GIP （1）	引入时间趋势变量和省份虚拟变量 （2）	引入行业虚拟变量 （3）
GIP	0.0157	0.0139	0.0208
GIP^2	−0.00029	−0.00031	−0.00044
T	——	0.361	0.307
省份虚拟变量	——	有	有
行业虚拟变量	——	——	有
N	155	155	155
R^2	0.34	0.37	0.41

注：数据来源为《中国环境年鉴》（2009～2013），显著水平为 5%

除此之外，美国环境保护署（EPA）对大型燃煤高炉的污染控制成本进行的研究也表明，当高炉的功率增加 20 倍时，SO_2 的单位控制成本平均下降为原来的 1/4。对其他污染物的研究也得出了类似的结论。这说明，在企业层面上，污染治理的规模收益也是递增的。

三 可持续经济增长收敛的非自发性

环境库兹涅茨曲线假说认为经济增长路径会自发地向可持续经济增长路径收敛，我们的研究彻底否定了这一假说。从经验研究来看，由于回归模型使用了一些错误的假设，目前发现的环境压力与收入之间的到 U 形关系不是一种长期稳定的关系，并且很可能是伪回归的结果，而采用更为合理的模型回归环境压力与经济增长之间的关系则显示，规模效应是经济增长对环境压力的主要影响，经济增长本身并没有导致有利于环境的结构效应和技术效应，因此，环境压力不会随着经济增长自动趋于下降。

由于观察到的环境库兹涅茨曲线，很多学者试图从理论上证明“看不见的环境之手”能够协调经济增长与环境可持续之间的矛盾，但是，这些研究给出的解释普遍缺乏实际的支持。换一个视角就会发现，目前观察到的环境库兹涅茨曲线其实都集中在污染物上，我们已经证明，污染治理活动本身具有的规模收益递增的特征可以直接导致环境库兹涅茨曲线，因此，现有的倒 U 形关系只是一种特例，即只是那些在治理上具有规模收益递增特征的污染物表现出的一种特殊关系。当一种污染物的治理不具有规模收益递增的特征时，其排放量与收入之间的关系就将不符合环境库兹涅茨曲线的假定。考虑到现实中不同污染物在治理上的差异性，可以预期并不是所有的污染物都存在环境库兹涅茨曲线，个别污染物的排放量与收入之间的关系有可能呈 U 形或其他形状，这也与已有的实证研究结果相吻合。

由污染治理的技术特征决定的环境库兹涅茨曲线显然与经济增长的内生变化无关，相反，理论研究所假定的各种“看不见的环境之手”只有依托政府政策的干预才能变为现实。例如，要想使市场竞争压力能够对环境资源发挥作用，需要通过相应的政策将经济活动的环境成本内化于厂商的决策；要想增强结构效应和技术效应对规模效应的抵消作用，需要制定政策，刺激有利于环境的结构变化和技术变化；期望收入增长之后经济个体偏好的变化能够改善环境的可持续，必须通过有效的政策消除环境物品消费的非排他性，促进环境物品分配的代内和代际公平，激励经济个体以可持续的方式使用环境资源。如果没有这些政策的支持，经济增长路径将很难收敛到可持续的经济增长路径，即便存在收敛的可能，收敛的速度也会很慢，因为自发状态下的环境压力总是高于存在政策干预的情况。例如，在我们对环境库兹涅茨曲线成因的分析中，任何收入上自发的污染排放量总是高于社会最优水平。

这说明，经济增长引发的环境问题不可能完全依靠经济增长自身进行解决，实现可持续经济增长要求政府在经济增长政策之外必须采取其他的减轻环境压力的政策。

第五章 厂商的技术决策与可持续经济增长

绿色技术进步产生的有利于环境的技术效应是经济增长路径向可持续路径收敛的根本机制。然而，现实中的技术进步是厂商技术选择的结果，厂商自发的技术选择并不总是能够产生有利于环境的技术效应。近十年来，各国政府都在积极推广绿色技术，虽然多数绿色技术同时具有经济和环境上的双重收益，厂商却仍然缺乏采纳这类技术的激励，由此导致的双重市场失灵严重制约了技术进步对实现可持续经济增长的实际效力。因此，与现有研究将绿色技术进步作为一个总量意义上的抽象概念的做法不同，本章将从微观的角度研究可持续经济增长中的技术进步过程，重点分析由厂商技术决策导致的绿色技术采纳的后动优势和扩散的低效率。如果说第四章通过否定环境库兹涅茨曲线假说得出了可持续经济增长不可能自发实现的结论，本章则是对这一结论深层次原因的进一步阐述。我们的分析将表明，采纳绿色技术是厂商的一项投资决策，厂商不愿意投资绿色技术并不单纯是因为环境成本的外部性，而是在市场环境下，由绿色技术本身的特点引致的一种策略行为。如果不克服这种双重市场失灵，技术转换路径的刚性将降低经济增长路径向可持续经济增长路径收敛的速度，影响可持续经济增长的实现。

第一节 厂商的技术决策与可持续经济增长的作用机制

一 厂商的绿色技术决策

在现有研究中，有多种不同的绿色技术定义，如认为绿色技术是减少环境污染，减少原材料、自然资源和能源使用的技术、工艺或产品的总称；绿色技术是有助于增进人与自然、人与人、人自身三大和谐，促进人类社会持续发展的技术；绿色技术是指人们能充分节约地利用自然资源而且在生产和使用时对环境无害的技术；绿色技术从本质上看是一种减少（增加）人们在生产与消费过程中产生的由生态环境传递的外部非经济性（经济性）的技术，从外延上看是一种节约资源、避免或减少环境污染的技术，包括硬件、软件和旨在保护环境的工作与活动，等等。不同定义虽然视角不同，但基本都将绿色技术定位于有利于环境的技术。

根据绿色技术对环境的不同作用，可将绿色技术分为末端治理技术和清洁技术两类。末端治理技术是对现有生产过程的事后调整，在默认现有生产技术体系和废弃物生成的前提下，通过对废弃物的分离、处置、处理和焚化等手段来达到降低污染、保护环境的目的。虽然在过去的二十几年中，末端处理技术一直是企业应对环境保护压力采取的主要措施，但作为现有生产技术的细微调整，多数末端治理技术并不能防止污染物的生成，只是将环境压力从一种环境载体转移到其他的环境载体。而且，由于不影响企业的生产过程，末端处理技术通常会增加企业的成本，除非企业内部存在较大的成本抵偿空间。据美国EPA 统计，美国用于空气、水和土壤等环境介质的污染控制总费用（包括投资和运行费），1972 年为 260 亿美元（占 GNP 的 1%），1987 年增至 850 亿美元，20 世纪 80 年代末达到 1200 亿美元（占 GNP 的 2.8%）。杜邦公司每磅废物的处理费用以每年 20%～30%的速率增加，焚烧一桶危险废物可能要花费 300～1500 美元，末端治理在经济上不论是对于国家还是企业而言都已不堪重负。

与末端治理技术不同，清洁技术是以降低环境损害为目的的新技术和新方法，其不是等到污染形成后再去治理，而是事前通过原材料替代、设计新工艺流程等方式降低或杜绝环境损害的产生，对环境的关注已经渗透到了产品生命周期的全过程。近几年，欧洲的汽车制造商协会已经从设计阶段开始，通过制定产品生命周期各阶段的环境标准，促使企业进行清洁技术创新。化工、电子等行业也日益重视清洁技术的研发。根据日本环境厅 1991 年的报告，“从经济上计算，在污染前采取防治对策比在污染后采取措施治理更为节省”。就整个日本的硫氧化物造成的大气污染而言，排放后不采取对策所产生的受害金额是现在预防这种危害所需费用的 10 倍，以水俣病而言，其推算结果则为 100 倍，可见两者之差极其悬殊（刘颖辉，2002）。显然，只有这种清洁技术才能够真正节约自然资本，改变经济增长与环境压力之间的正相关关系。对于厂商来说，清洁技术通过调整原有的生产过程往往不但能够降低产出的环境压力，还能够降低企业的成本，增加企业的收益，而环境效益和经济效益的双赢正是可持续经济增长的本质特征。因此，获得可持续经济增长所需的绿色技术进步效应，客观上要求厂商采纳清洁技术。

与现有研究只从环境一个方面界定绿色技术的做法不同，在本书中，我们按照可持续经济增长的要求将绿色技术定义为既能降低环境压力，又能为企业带来经济收益的技术。清洁技术属于本书研究的范畴，末端治理技术中的多数则不属于本书所指的绿色技术。之所以如此定义，一方面是因为本书的目的是分析环境可持续与经济增长协调发展的机理和条件，末端治理技术所导致的环境和经济效益的两难结果不是我们关注的重点，另一方面则是因为末端治理技术不能从根本上解决环境问题，新一轮的环境保护运动已经淡化了这类技术。对于那些在经济上具有收益，但会增加单位产出自然资本消耗量的新技术，我们将其统称为灰色技术①。

一般说来，厂商的技术决策包括创新决策和采纳决策两部分。本书对厂商绿色技术决策的研究主要侧重于采纳决策，即厂商是否愿意采纳一项绿色技术，以及何时采纳的决策。不考虑创新决策并不是因为这类决策不重要，而是因为除少数大企业之外，经济当中的多数厂商都是绿色技术的采纳者。从理论上讲，Grossman（1991）、Aghion（1997）等开创的内生技术进步模型虽然突出强调了技术创新在经济增长中的重要作用，把研发作为企业的内生决策行为，但都是以发达经济为基础的，主要讨论的是技术前沿国家的创新选择，此后的技术扩散模型以 Acemoglu 等（2012）为例，在考察后发国家技术创新活动时，也只是将其作为先发国家技术的自然扩散，可见，技术创新只有在发达国家中才能得到很好的开展。但 Faucheux 和 Nicolay（2000）的研究同时表明，即便是在环保意识很强的美国、加拿大等发达国家，厂商对环境问题的策略也分为防御型、跟随型和积极型三类，只有少数实施积极型战略的厂商会进行实质性的绿色技术创新，实施前两种策略的厂商通常都是采纳外界提供的绿色技术，并不亲自进行此类技术的创新，在发展中国家，资金和研发实力的匮乏使得厂商普遍缺乏绿色技术创新的能力，厂商的绿色技术决策实质就是决定是否采纳来自政府或其他国家的绿色技术。因此，研究绿色技术的采纳决策要比绿色技术的创新决策更有现实意义。

此外，技术的创新和采纳都需要企业为获得新技术进行支出，都面临着不确定性，作为经济活动，二者具有很多相似之处，但从对可持续经济增长的影响上看，技术的采纳更为重要，因为一项绿色技术只有被厂商采纳才能真正改变经济系统的技术状态，很多发展中国家并不缺乏绿色创新成果，但经济增长的可持续程度仍然很低就是最好的证明。因此，本书不考虑绿色技术创新过程，而是假定经济当中已经存在着绿色技术，重点分析厂商的绿色技术采纳决策对实现可持续经济增长的影响。

---

① 末端治理技术可以看做是一种特殊的灰色技术。本书假定在自发的条件下，对生产过程进行调整产生的新技术必定会给企业带来经济收益，因此，不考虑在经济和环境两个方面都不存在收益的技术。

二 厂商的技术决策与可持续经济增长中的双重市场失灵

技术决定着产出过程中各种要素的组合比例和投入量，采用不同的技术，产出增长的环境压力也将不同。因此，在宏观层面上，一国经济增长的可持续程度可以用经济系统的技术状态来表示。假定当前的技术状态为T_i，环境可持续要求的技术状态为T_s，经济增长路径向可持续经济增长路径收敛的必要条件就是$T_i \to T_s$。

厂商的技术决策是经济系统技术状态变化的微观基础。一种绿色技术只有被经济当中的厂商普遍采纳才能真正影响经济系统的技术状态，如果厂商不采纳绿色技术，或者延迟采纳绿色技术，不管政府如何加大绿色技术创新，$T_i \to T_s$的转换都将呈现刚性，产出增长的环境压力将不会发生变化，或者变化的速度很慢。由于环境损失的不可逆性，一个经济在不可持续的增长路径上持续的时间越长，转入可持续经济增长路径的难度就越大。因此，厂商对绿色技术的采纳决策直接影响着可持续经济增长能否实现。

第三章已经说明，纠正经济当中的双重市场失灵是实现可持续经济增长的重要途径之一，而厂商不愿意采纳绿色技术正是双重市场失灵的主要表现。大量实证研究发现，尽管绿色技术在保护环境的同时能够增加企业的经济收益，实际中的厂商仍然缺乏采纳绿色技术的激励。政府间气候变化专门委员会（IPCC）调查了 70 余项降低温室气体排放量的绿色技术，发现这些技术的扩散速度明显低于一般技术，73%的技术在一年内被采纳次数不足 2 次，在受访的 300 家企业中，只有 41 家企业采纳了绿色技术，占样本总量的 13.7%。Guerin（2001）分析了农业绿色技术的推广和应用，证实农民普遍不太愿意采纳这类技术。杨发明和许庆瑞（2001）对江苏、浙江两省的水泥、造纸、印染、化工行业的 132 家企业进行问卷调查，结果表明，采纳过绿色技术的企业为 11.2%。史进和董昕（2010）对无铅焊接技术在电子产业链中的应用情况进行调查，发现截至 2007 年，北京地区相关企业的采纳率仅为 1/4。

长期以来，理论界一直将厂商不愿意进行环保技术创新和采纳环保技术归结为市场在处理环境问题中的外部性“失效”，并提出了以“大棒型”和“胡萝卜型”为代表的一系列内部化措施。然而，这种外部性理论并不能完全解释现实中厂商对绿色技术明显偏低的采纳倾向，因为这类技术不仅有利于环境，也能够给厂商带来经济收益，即使不考虑环境因素，单从经济收益的角度来看，采纳绿色技术对厂商也是合意的。特别是，在很多发达国家，当政府已经通过各种措施将环境的外部成本内部化于厂商的经营决策时，厂商仍然不愿意采纳绿色技术的现象就更无法用简单的外部性来解释。

本章将致力于分析在环境问题固有的外部性之外，导致厂商不愿意采纳绿色技术的深层次原因。我们认为，厂商对绿色技术的采纳本质上是一种投资决策，厂商会根据成本和收益相机进行选择。在竞争的环境下，厂商采纳绿色技术的成本和收益不仅仅取决于技术本身，还与竞争对手的反应、绿色技术与现有技术的关系等密切相关。当前厂商不愿意采纳绿色技术正是厂商在权衡各种因素后所采取的一种理性的策略性行为。如果不制定相应的政策纠正这种双重市场失灵，通过绿色技术进步实现可持续经济增长将只是理论上的设想。

第二节　收益的不确定性与绿色技术采纳的后动优势

一　绿色技术收益的不确定性

厂商是否采纳一项新技术主要取决于新技术的预期收益。绿色技术的收益体现在环境和经济两个方面，但以利润最大化为目标的厂商往往并不直接关心环境收益，决定其是否采纳绿色技术的主要是绿色技术的经济收益。理论上，绿色技术可以通过两种方式为厂商创造经济收益：一是降低单位产出的生产成本；二是提高产品的“绿色”程度，收取更高的价格。但在实际当中，厂商从这两种方式所能获得的收益都存在很大的不确定性。

1. 成本降低的不确定性

首先，单纯追求生态良好的绿色技术相较于简单粗放的生产技术而言很有可能增加企业的生产成本，典型的例子是绿色建筑技术。以建于 2004 年的上海生态办公示范楼为例，成本造价约为 5000 元/米^2，比常规办公楼高出近 30%。

其次，绿色技术节约的是生产中的自然资本。自然资本的价格越高，厂商采纳绿色技术所能获得的成本节省就越显著。目前，无论是发达国家还是发展中国家，自然资本相对人造资本的价格都普遍偏低。因此，当绿色技术用人造资本来代替自然资本时，直接为企业节约的成本通常不大，生产成本的下降更多来自于少交纳的排污费、能源税等环境管制费用。但对于厂商来说，因为其不能控制政府的环境政策，这部分环境环境管制费用完全是外生的。如果政府提高收费标准，即使绿色技术的采纳降低了自然资本的消耗量，厂商也仍有可能要交纳同样甚至更多的环境管制费用。张倩和曲世友（2014）在双寡头垄断市场结构下分析环境偏好和环境税对企业市场需求和技术采纳决策的综合影响，发现企业采纳绿色技术的效益与环境税税率呈现倒U形变化。

除了直接降低自然资本的消耗量之外，绿色技术还会通过对生产过程的重新设计和调整提高厂商的经营效率，从而降低生产的平均成本，但这部分成本节省空间的大小要取决于厂商内部的 X 非效率程度和厂商在削减 X 非效率过程中面临的阻力，同样也存在着很大的不确定性。

2. 绿色产品收益的不确定性

厂商采纳绿色技术会提高产品的环保程度，形成绿色产品。由于绿色产品的生产过程环保、自然，对于一些顾客来说具有较高的效用，所以，价格可以相对昂贵，这种溢价是厂商从绿色技术中获取收益的另一种主要途径。与其他技术不同的是，绿色技术通常不能直接改变产品的功能、质量和外在特征，其附加给产品的绿色属性是暗含的，难以被顾客直观地识别。为了使顾客认知产品的绿色属性，厂商需要申请绿色认证，进行广告宣传。如果这部分费用过高，厂商从绿色产品的溢价中获得的实际收益将大大降低，甚至没有收益。

绿色产品市场的信息不对称还会引发逆向选择问题。一旦政府的监管出现漏洞，市场上就有可能出现假冒的绿色产品。如果顾客无法将绿色产品与用传统工艺生产的非绿色产品区分开来，他就不会愿意为此多花钱。由于非绿色产品对绿色产品的驱逐效应，即使顾客对绿色产品存在偏好，厂商也无法为绿色产品制定高价格。

显然，采纳绿色技术能否获得产品的溢价收益，要取决于认知费用的高低和绿色产品市场上的逆向选择程度。对于厂商来说，这两个因素都是外生变量，具有很大的不确定性，因此，在制定采纳决策的时候，绿色技术的溢价收益也是不确定的。

近十年，很多研究分析了新技术的收益对厂商技术采纳决策的影响。Reinganum（1985）发现，当一项创新成果的盈利前景为已知的时候，存在唯一的回路纳什均衡，先采纳新技术的厂商能够获得竞争优势。Fudenberg 和 Tirole（1985）改变了 Reinganum（1985）研究中的信息结构，结果得出了完全不同的结论，在子博弈精炼纳什均衡下，任何先动优势都会因新技术采纳过程中厂商的占先行为而消散。Jensen（1992）分析了厂商不知道新技术的盈利能力，但能够收集相应的信息来降低不确定性时的技术采纳决策，其引入了一个参数，取值为 1 时表示新技术盈利，取值为 0 代表新技术亏损，但由于分析视角是静态的，Jensen 的研究并没有真正揭示收益不确定性下厂商的技术采纳决策，特别是这种决策对厂商经济绩效的影响。经验研究方面也有相关证明，陈凤霞和吕杰（2010）对中国黑龙江省 4 个县市 325 户水稻种植农户的调查数据显示，在影响农户是否采纳绿色安全生产技术决策的若干因素中，该技术的预期收益排在第二位，重要性仅次于农户的年龄。杨唯一和鞠晓峰（2014）发现，农户在进行技术创新采纳决策过程中，由于自身知识水平和判断能力的局限，会在很大程度上受到周围农户的影响，而交流收益则是决定农户是否产生这种羊群行为的重要因素

本书认为，在各国政府都采取了相应的环境管制措施，消费者的环境意识也在不断增强的今天，厂商仍然不愿意采纳绿色技术，与绿色技术收益的不确定性密切相关。我们的模型将表明，在收益不确定的情况下，厂商间的博弈使得后采纳绿色技术要比先采纳绿色技术能够给厂商带来更大的竞争优势。由于这种后动优势，厂商都乐于延迟采纳绿色技术，从而形成了目前的双重市场失灵。

二　绿色技术采纳时机的厂商博弈模型

假定两个厂商（$i=1,2$）初始的均衡利润为π_0，在时期 0 出现了一项新的绿色技术，理论上，该技术能够给厂商带来经济收益，但由于上面分析的各种外部因素的影响，厂商并不能确定新技术的实际经济收益。假定新技术增加厂商利润的概率为 p，不能增加利润的概率为（1-p），前者简称为好技术，后者为差技术。只要技术被采纳，p 就会成为公共信息。因此，先采纳技术的厂商对其他厂商形成信息溢出效应，假定信息溢出是即时的，只要一个厂商采纳了新技术，另一个厂商马上就能知道 p 值的大小。

对于任一厂商来说，单独采纳好技术获得的利润设为π_L，竞争对手采纳了好技术而自己没采纳时的利润为π_F，自己和竞争对手都采纳的利润为π_2。π_B为采纳差技术时的利润，为了简化起见，假定$\pi_B=\pi_0$，即当厂商发现新技术不能增加利润时，还可转回原来的技术。依照 Reinganum，以及 Fudenberg 和 Tirole 的技术采纳模型，本书假定：

$$0\leqslant \pi_F\leqslant \pi_0<\pi_2<\pi_L，\ \pi_L-\pi_0>\pi_2-\pi_F \tag{5-1}$$

式（5-1）中的第一部分意味着厂商从新技术中获得的收益是以牺牲竞争对手的利益为代价的，第二部分则表明先采纳新技术具有优势。采纳新技术需要厂商支出成本，经验研究已经表明，新技术的采纳成本会随时间的推移逐渐下降，假定时点t的未经贴现的采纳成本为$k(t)$，则有$k'(t)<0$，$k''(t)>0$。为了将时间单位化，我们引入转换函数$\tau(t)=1-e^{-rt}$，r为利率，则$\tau(t)\in[0,1]$，贴现后的采纳成本记为$K(\tau)$，$K'(\tau)<0$，$K''(\tau)>0$。

首先考察厂商观察到竞争对手已经采纳了新技术时的决策过程，先采纳的厂商称为领导厂商，尚未采纳新技术的厂商称为跟随厂商。假定领导厂商在时期τ采用了新技术，如果事实表明，新技术不能盈利，为了避免浪费资源，跟随厂商的最优策略将是永远不采纳该技术。如果新技术能够盈利，跟随厂商则

需要根据领导厂商的采纳时间选择自己的最优应对策略，其最佳采纳时间为$\tau_F^* = \max\{\hat{\tau}_F, \tau\}$[①]，根据 Fudenberg 和 Tirole 的研究，$\hat{\tau}_F$ 由式(5-2)决定：

$$\frac{1}{r}(\pi_2 - \pi_F) = -K'(\hat{\tau}_F) \tag{5-2}$$

式（5-2）的左边为以跟随者身份采纳新技术所能获得的边际收益，右边为采纳新技术的边际成本。假定跟随厂商按照最优化方式行事，则领导厂商和跟随厂商从新技术中所能获得的预期回报 $L(\tau)$ 和 $F(\tau)$ 都可以表示为领导厂商采纳时间 τ 的函数：

$$L(\tau) = \frac{1}{r}\left[\pi_0 + p(1-\tau)(\pi_2 - \pi_0) + p(\tau_F^* - \tau)(\pi_L - \pi_2)\right] - K(\tau) \tag{5-3}$$

$$F(\tau) = \frac{1}{r}\left[\pi_0 + p(1-\tau)(\pi_2 - \pi_0) - p(\tau_F^* - \tau)(\pi_2 - \pi_F)\right] - pK(\tau_F^*) \tag{5-4}$$

在这两个支付函数中，第一部分均为采纳新技术预期收益的现值，包括两个厂商同时使用新技术获得的利润，以及采纳时机的差别导致的利润变动。对于领导厂商来说，在跟随厂商未采纳新技术之前，其能够获得一部分额外的利润，这是先采纳的战略优势，跟随厂商则会因后采纳而承受一部分利润损失。式（5-3）和式（5-4）中的第二部分是预期采纳成本的贴现值。领导厂商对新技术的采纳存在信息溢出效应，跟随厂商能够据此掌握新技术的盈利能力，因此，跟随厂商的预期采纳成本低于领导厂商。

当新技术肯定能盈利，即 $p=1$ 时，支付函数（5-3）和函数（5-4）简化为 Fudenberg 和 Tirole 的技术采纳模型。Fudenberg 和 Tirole 区分了两种不同的情况，如图 5-1（a）和图 5-1（b）所示。根据采纳成本函数 $K(\tau)$ 随时间的变化，在扩散阶段，即 $\tau \leqslant \hat{\tau}_F$ 时，领导厂商在时点 τ 采纳了新技术后，跟随厂商会等到时点 $\hat{\tau}_F$ 才进行采纳。$L(\tau)$ 为凹函数，在时点 $\hat{\tau}_L$ 达到最大；$F(\tau)$ 为线性递增函数。当 $\tau \geqslant \hat{\tau}_F$ 时，只要发现领导厂商采纳了新技术，跟随厂商会立即紧跟，在不考虑反应时滞的情况下，两个厂商相当于同时采纳。在该时间段内，$L(\tau)$ 和 $F(\tau)$ 均为凹函数，$L(\tau)$ 在时点 $\hat{\tau}_M$ 达到最大。在全部时点范围内，$L(\tau)$ 的最大值有可能在 $\hat{\tau}_L$ 点，如图 5-1（a）所示，也有可能在 $\hat{\tau}_M$ 点，如图 5-1（b）所示。$L(\tau)$ 之所以会在 $\hat{\tau}_F$ 点变形，是因为如果新技术是能盈利的好技术，跟随厂商会在时点 $\tau_F^* = \max\{\hat{\tau}_F, \tau\}$ 采纳该技术。

上述函数性质在不确定的环境下仍然成立，而且，由于跟随厂商在决定是否采纳新技术时已经知道了新技术的真实价值，$\hat{\tau}_F$ 与 p 值的大小无关。求解

① 不考虑跟随厂商反应的时滞，当领导厂商采纳了新技术后，跟随厂商可以立即跟随。如果领导厂商的采纳时间在 $\hat{\tau}_F$ 之前，即 $\tau < \hat{\tau}_F$，跟随厂商会等待到 $\hat{\tau}_F$ 点再采纳。如果领导厂商的采纳时间 $\tau \geqslant \hat{\tau}_F$，由于已经错过了跟随厂商在确定性环境下的利润最大化的采纳时点，为减少损失，跟随厂商会紧跟领导厂商，其最优采纳时间为 τ。

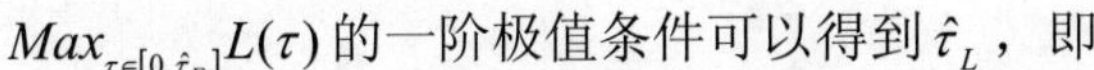

$Max_{\tau\in[0,\hat{\tau}_F]}L(\tau)$ 的一阶极值条件可以得到 $\hat{\tau}_L$，即

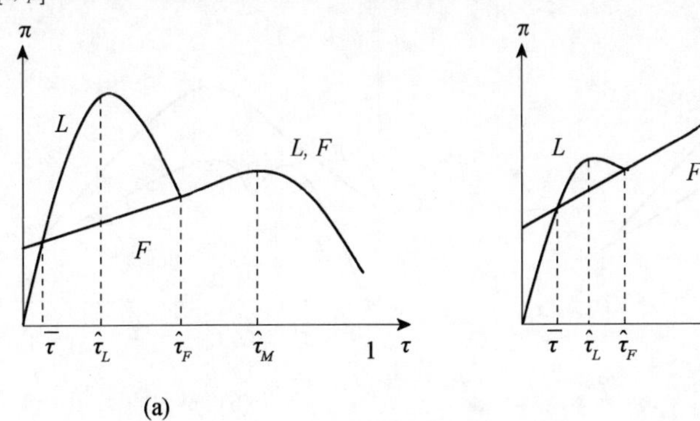

图 5-1　新技术的采纳时机与收益

$$\frac{1}{r}p(\pi_L-\pi_0)+K'(\hat{\tau}_L)=0 \tag{5-5}$$

求解 $Max_{\tau\in[\hat{\tau}_F,1]}L(\tau)$ 的一阶极值条件可以得到 $\hat{\tau}_M$，即

$$\frac{1}{r}p(\pi_2-\pi_0)+K'(\hat{\tau}_M)=0 \tag{5-6}$$

新技术收益的不确定性虽然不会影响 $\hat{\tau}_F$，却会影响曲线 $L(\tau)$ 和 $F(\tau)$ 的相对位置。对于 p 值，有两个关键的临界点。

第一，当 $p<1$ 时，在扩散阶段曲线 $L(\tau)$ 的最大值点 $\hat{\tau}_L$ 上，$F(\tau)$ 可能高于或低于 $L(\tau)$，比较 $p=0$ 和 $p=1$ 两种情况下 $L(\tau)$ 和 $F(\tau)$ 值的大小可以直观地证明这一点。当 $p=0$，即新技术肯定不盈利时，对于任意时点 τ，均有 $F(\tau)=(1/r)\pi_0>(1/r)\pi_0-K(\tau)=L(\tau)$，而当 $p=1$ 时，则有 $F(\hat{\tau}_L)<L(\hat{\tau}_L)$。因此，至少存在一个 p^*，能够满足定义 1。

定义 1：令 p^* 为 p 在区间［0，1］之间的某一取值，当 $p=p^*$ 时，

$$L(\hat{\tau}_L(p))=F(\hat{\tau}_L(p)) \tag{5-7}$$

其中，$\hat{\tau}_L(p)=\arg\max_{\tau\in[0,\hat{\tau}_F]}L(\tau)$。

第二，由式（5-3）可知，如果 $p=0$，$L(\tau)$ 是一个严格递增函数，因此，当 p 足够小时，$L(\tau)$ 的最大值会位于区间 $[\hat{\tau}_F,1]$，但如果 $p=1$，最大值则会位于区间 $[0,\hat{\tau}_F]$。至少会存在一个 p^{**}，能够满足定义 2。

定义 2：令 p^{**} 为 p 在区间［0，1］之间的某一取值，当 $p=p^{**}$ 时，

$$L(\hat{\tau}_L(p))=L(\hat{\tau}_M(p)) \tag{5-8}$$

其中，$\hat{\tau}_L(p)=\arg\max_{\tau\in[0,\hat{\tau}_F]}L(\tau)$，$\hat{\tau}_M(p)=\arg\max_{\tau\in[0,\hat{\tau}_F]}L(\tau)$。

当 $p=p^*$ 和 $p=p^{**}$ 时，对于不同的采纳时点，领导厂商和跟随厂商的预期回报曲线见图 5-2。

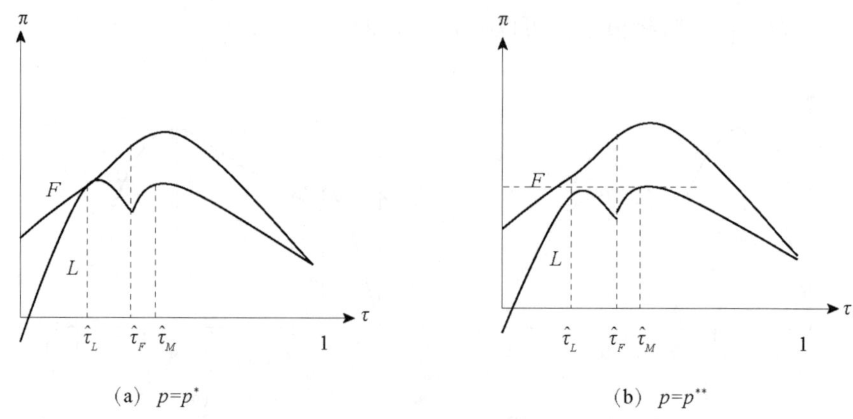

图 5-2 $p=p^*$ 和 $p=p^{**}$ 时的技术采纳时机与收益

三 模型的均衡状态

在由 $\tau \in [0,1]$ 表示的任何一个时点上，两个厂商都要根据竞争对手的决策决定自己是否采纳新技术。本书着重分析这一博弈过程的回路均衡，每个厂商选择的策略都必须是对另一个厂商所选策略的最优反应。

当新技术的收益存在不确定性的时候，厂商对是否采纳及何时采纳的相机抉择会使竞争呈现出两种完全不同的形式：占先博弈和等待博弈。厂商希望抢在竞争对手前面采纳新技术，是为了使自己能够在一段时期内作为新技术的独家采纳者获得额外的收益，尽管这种领先地位是暂时的。在扩散阶段，当 $L(\hat{\tau}_L) > F(\hat{\tau}_L)$ 时，厂商间的博弈将是占先博弈，而当 $L(\hat{\tau}_L) < F(\hat{\tau}_L)$ 时，博弈则将转换为等待博弈，每个厂商都不愿意先采纳技术。只要 $p<1$，同时采纳阶段的厂商博弈将总是等待博弈。在其他因素既定的情况下，新技术收益的不确定程度会影响 $L(\tau)$ 和 $F(\tau)$ 的相对大小。厂商间的博弈究竟是占先型还是等待型，与 p 值密切相关。根据式（5-3）、式（5-4）、定义 1 和定义 2，可以得到下面两个命题。

命题 1：当 $p > p^*$ 时，厂商在 $\tau \leqslant \hat{\tau}_F$ 范围内的采纳时机竞争是一种占先型博弈，当 $p < p^*$ 时，则是等待型博弈。

命题 2：当 $p > p^{**}$ 时，$L(\hat{\tau}_L) > F(\hat{\tau}_M)$。而当 $p < p^{**}$ 时，$L(\hat{\tau}_L) < F(\hat{\tau}_M)$。

那么，p^* 和 p^{**} 到底孰高孰低呢？假定厂商面临线性的需求函数 $P=1-Q$，不变的边际成本 $c=3/4$，新技术如果成功，能够将边际成本降至 $c-\varepsilon=5/8$，厂商间的竞争为古诺竞争，未折现的技术采纳成本为 $K(\tau)=(1-\tau)^{\frac{r+\alpha}{r}}$，令 $\alpha=1/5$，$r=1/25$，可以解得 $p^*=0.85$，$p^{**}=0.95$，

$p^* < p^{**}$。保持其他变量不变，如果上例中的初始边际成本 $c=1$，则 $p^* = 0.75$，$p^{**} = 0.6$，$p^* > p^{**}$。由此可见，p^* 和 p^{**} 的相对大小并不确定。因此，我们定义 $\overline{p} = \max\left\{p^*, p^{**}\right\}$。

如果 $p > \overline{p}$，因为 $L(\hat{\tau}_L) > F(\hat{\tau}_L)$，$L(\hat{\tau}_L) > L(\hat{\tau}_M)$，每个厂商所能获得的最大利润不会超过 $L(\hat{\tau}_L)$，每个厂商都希望成为时点 $\hat{\tau}_L$ 上第一个采纳技术的厂商。但是，如果厂商 i 计划等到 $\hat{\tau}_L$ 才采纳，厂商 j 只要在 $\hat{\tau}_L$ 前稍早一点采纳，就可以获得潜在的先动优势，同样的逻辑也适用于厂商 i。因此，厂商间的博弈表现为占先型博弈，新技术的采纳时间会不断推前，均衡结果是厂商 $i(i=1,2)$ 在最早的时点 $\overline{\tau}$ 采纳新技术，确认新技术能够盈利之后，厂商 $j(j \neq i)$ 在时点 $\hat{\tau}_F$ 跟着采纳，其中 $\overline{\tau}$ 是在［0，1］区间内满足条件 $L(\overline{\tau}) = F(\overline{\tau})$ 的最小时点。然而，如果 $p < \overline{p}$，由于后采纳新技术的厂商获得的利润高于先采纳的厂商，厂商间的博弈将是等待型博弈，均衡状态见命题 3。

命题 3：如果 $p < \overline{p}$，存在唯一的纯策略博弈均衡，在均衡状态下，厂商 i 在 $\hat{\tau}_M$ 采纳新技术，一旦新技术盈利，厂商 j 会马上跟着采纳，不考虑反应时滞，采纳时点也为 $\hat{\tau}_M$。

最后考虑 $p = \overline{p}$ 的情况，先假定 $p = \overline{p} = p^{**}$。按照上面的定义可知此时，$L(\hat{\tau}_L) > F(\hat{\tau}_L)$，$L(\hat{\tau}_L) = F(\hat{\tau}_M)$，因此可能的均衡结果有两种：一种是发生在时点 $\tau \leqslant \hat{\tau}_F$ 范围内的占先均衡；另一种则是厂商 i 在时点 $\hat{\tau}_M$ 采纳新技术，厂商 j 根据新技术的盈利能力相机决定是否紧跟着采纳。当 $p = \overline{p} = p^*$ 时，因为 $L(\hat{\tau}_L) = F(\hat{\tau}_L)$，占先没有额外的收益，均衡时两个厂商分别在时点 $\hat{\tau}_L$ 和 $\hat{\tau}_F$ 采纳新技术。

新技术盈利能力的不确定性还直接影响均衡状态时每个厂商获得的支付。图 5-3 为厂商的均衡支付与新技术是差技术的概率 $(1-p)$ 之间的关系，从中可以看出，当新技术的盈利能力发生变化时，厂商均衡支付的变化呈现显著的不连续性。在 $p = p^{**}$ 这个临界点上，当新技术不盈利的概率从 $(1-p^{**})$ 稍微降低一点的时候，两个厂商的均衡支付曲线马上显著下移。之所以会发生这种变化，是因为在 $p^* < p < p^{**}$ 的范围内，$L(\tau)$ 的最大值在 $\hat{\tau}_M$，均衡时两个厂商获得的支付分别为 $L(\hat{\tau}_M)$ 和 $F(\hat{\tau}_M)$，$L(\hat{\tau}_M) < F(\hat{\tau}_M)$。当新技术不盈利的概率略微低于临界值的时候，两个厂商会争着在 $\hat{\tau}_L$ 点采纳新技术，占先的威胁导致租金消散，两个厂商的均衡支付下跌至 $L(\overline{\tau}) = F(\overline{\tau})$。

同样的现象也存在 $p = p^*$ 时。一方面，当新技术的盈利概率低于 p^* 时，厂商间的竞争变为等待型博弈，$\hat{\tau}_L$ 的值逐渐增大，$L(\hat{\tau}_L)$ 和 $F(\hat{\tau}_L)$ 逐渐降低；另一方面，当 $p > p^*$ 时，博弈转变为占先型博弈，但随着 p 的增加，厂商的均衡支付是增加还是降低，要取决于领导厂商的采纳时机对跟随厂商利润流的影响，即（$\pi_0 - \pi_F$）的大小。例如，当 $\pi_0 - \pi_F = 0$ 时，因为领导厂商所选的采纳时机不会影响跟随厂商的支付，图 5-2（a）中曲线 $F(\tau)$ 在扩散阶段的斜率为 0，$F(\tau)$ 和 $L(\tau)$ 在 $\tau = \hat{\tau}_L$ 时相切，因此，$L(\overline{\tau}) = F(\tau)$，$(1-p)$ 低于临界值时两个厂商的均衡支付均会上升。如果 $(\pi_0 - \pi_F) > 0$，$(1-p)$ 越小，均衡支付也越低。

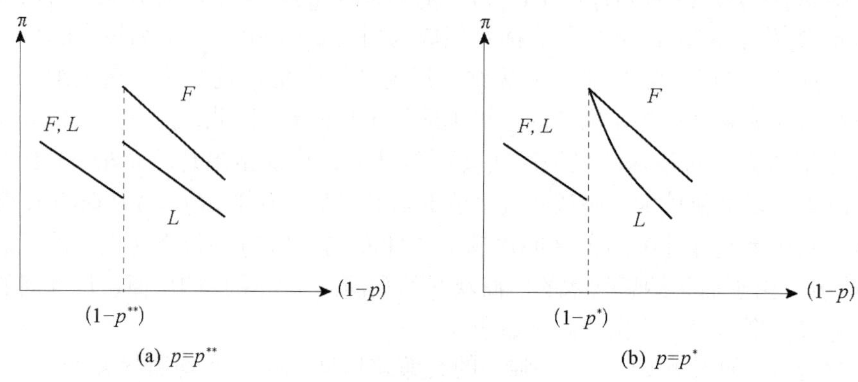

图 5-3　厂商的均衡支付

四　绿色技术采纳的启动优势

从上面的分析可以看出，新技术收益的不确定性从两个方面影响着厂商的技术采纳决策：第一，新技术收益的不确定性越大，厂商采纳该技术获得的预期支付就越低，采纳的激励越弱；第二，收益的不确定性直接决定了厂商间技术博弈的性质。因为信息溢出效应，后采纳的厂商往往比先采纳的厂商更有优势，当新技术收益的不确定性大到一定程度时，厂商间的技术采纳博弈会演变成等待型博弈，每个厂商都不愿先采纳新技术，如果所有的厂商都厌恶风险，新技术的采纳将被无限地延迟。

绿色技术虽然因同时具有环境收益和经济收益而有别于一般的技术，但对于厂商而言，这种差别并不重要，厂商在决定是否采纳及何时采纳时，首先考虑的仍然是绿色技术的经济收益。绿色技术能够降低生产成本，形成产品差异，两种方式都能使厂商获得经济收益。然而，正如前文所分析的那样，外部性和公共物品特征使得环境的价值无法通过正常的市场活动显现，节约的自然资本到底能够使厂商的生产成本降低多少，绿色技术生产出的绿色产品能否较普通产品收取更高的价格，要取决于环境制度的设计和绿色产品市场的完善程度，而单个的厂商是没有能力影响这些因素的。准确地说，绿色技术的经济收益是一种潜在收益，只有满足一定条件才能兑现。由于目前各国的环境制度都不稳定，绿色产品市场也存在着各种亟待健全的地方，绿色技术的实际经济收益具有很大的不确定性，尤其是在发展中国家。这导致了绿色技术采纳过程中的后动优势，厂商出于自身利益的考虑本能地推迟了对绿色技术的采纳。

解决可持续经济增长中的双重市场失灵，促使经济增长路径向可持续路径收敛，必须降低绿色技术收益的不确定性，以消除绿色技术采纳的后动优势。绿色技术收益的不确定性到底降到多少，厂商间的采纳博弈才会由等待型博弈转变为占先型博弈，是一个需要通过经验研究才能回答的问题，本文暂不对此进行研究，但如何通过有效措施最大可能地降低绿色技术经济收益的不确定性，为我们分析可持续经济增长的政府政策提供了一条重要思路。

第三节　技术的互补性与绿色技术扩散的低效率

后动优势强调的是外部环境对厂商绿色技术采纳决策的影响，除了外部环境之外，绿色技术本身具有的特点也会导致厂商不愿意立即采纳绿色技术。经验研究发现，绿色技术创新形成的新技术扩散速度很慢，很多时候，虽然经济当中已经出现了效率更高的新技术，厂商却仍然在对旧技术进行投资，这种现象在节能环保新技术的扩散中普遍存在，被称为能源效率悖论。如果说后动优势侧重于厂商在灰色技术和绿色技术之间的选择，本节分析的则是厂商在效率不同的绿色技术之间的选择。

一　绿色技术扩散低效率的现有解释

对于厂商为什么不立即采纳最新的技术，理论界已经进行了大量的研究。这些研究虽然针对的是一般的技术，但其结论同样适用于绿色技术的扩散。现有解释可以归为三类：第一种解释认为对新技术的投资是不可逆的，厂商推迟采纳新技术能够获得一定的期权价值；第二种解释强调技术本身的动态性，认为随着时间的推移，边学边干和溢出效应会使一种技术的性能越来越完善，价格越来越低，晚一点采纳对厂商更为有利；第三种解释考虑的是相关利益群体的政治纷争，由于经济当中的一部分工人和所有者拥有的技能和租金是与旧技术相联系的，转用新技术会降低这部分群体的技能，引起租金的消散，因此他们会采取各种措施，努力保持原有的旧技术，阻止厂商采纳新技术。

上述解释内容虽然不同，但实质都是技术扩散的自然阻力，任何一种新技术的扩散都必然要受这些因素的影响，在长期当中，不管政府如何调整政策都不可能消除这些因素，因此，对于识别可持续经济增长的实现机理意义并不显著。纠正绿色技术的双重市场失灵，关键是要找出那些能够通过政策加以矫正的制约绿色技术扩散的非自然阻力，本节引入的技术互补性就是这样一个因素。

理论上，新技术应当是旧技术的替代品，但在实际当中，新旧技术之间往往呈现出互补关系。正如一个国家会同时投资于新技术和旧技术一样，单个的厂商也是如此。很多经验研究已经证实，新技术具有一定的生命周期，最初只是作为旧技术的补充品，经过很长时间才会完全替代旧技术，蒸汽机替代水车、冶金加工技术的扩散等都是这方面的例子。对于绿色技术而言，新旧技术之间的互补性更为显著。这是因为，除了无氯化工过程、有机燃料和光电能源生产等技术之外，现有的绿色技术中，属于根本性创新的技术成果非常少，多数新技术都是对已有产品或加工技术的改进，属于渐进性创新，新旧技术之间既有差异，又相互联系。用产品差异化来分析技术的差异可以发现，一种技术同时具有多重质量特征，新技术的生产效率高于旧技术，这构成了纵向差异；不同技术的成本结构、要求的工厂规模、管理和组织技能不同，又形成了横向差异。例如，水力发电的自然资本消耗量低于火力发电，效率更高，但水力发电的固定成本高，变动成本低，而火力发电则固定成本低，变动成本高。正是由于横向差异，厂商才不会总是唯一地采纳生产效率最高的新技术，而倾向于对技术进行多样化投资，或者仍然使用效率相对较低的旧技术。

为了分析技术的互补性对绿色技术扩散效率的影响，我们构造了一个两部门的宏观经济模型，该模型在四个方面不同于现有研究。第一，技术包含在人造资本中，生产同样的产出，新设备消耗的自然资本和劳动低于旧设备，这反映的是技术的纵向差异；第二，在生产中，不同的设备不能完全替代，厂商愿意对新技术和旧技术同时进行投资，这反映的是技术的横向差异；第三，最终产品生产部门使用的设备数量是内生决定的，因此厂商有淘汰设备的经济激励；第四，最终产品部门的代表性厂商在使用一种技术的过程中能够获得与该技术有关的经验，考虑到了边干边学效应。

二 模型的基本假设

假定一个经济由两个部门构成——最终产品部门和中间产品部门。前者使用劳动、人造资本和自然资本生产一种同质的消费品，后者由T个独立的垄断厂商构成，每个厂商生产一种不同的设备。有一典型的消费者，效用取决于消费的最终产品的数量，收入由其提供的劳动和中间产品生产部门的利润决定。为了简化分析，假定人造资本都是非耐用品，绿色技术进步既提高了生产的总体效率，又提高了自然资本的使用效率。

1. 最终产品生产部门

假定最终产品生产部门按照下面的柯布-道格拉斯生产函数生产一种同质的消费品：

$$Y_t = K_t^{\alpha} L_{Y_t}^{1-\alpha} \tag{5-9}$$

式中，Y_t 为年份 t 的产出；K_t 和 L_t 分别为人造资本和劳动的投入量，K_t 是各种不同设备所形成的资本存量的总和，设备之间的差别用其问世的年份 γ 表示，γ 也可视为设备的批号，γ 值越大，设备当中包含的技术越新。根据 Dixit 的研究，我们将总资本存量定义为

$$K_t = \left[\int_{t-T}^{t} (A_{\gamma,t} K_{\gamma,t})^{(\varepsilon-1)/\varepsilon} \mathrm{d}\gamma \right] (\varepsilon > 1) \tag{5-10}$$

式中，T 为最终产品生产中使用的设备的种数，也可解释为尚在使用的最老的设备的年龄；$K_{\gamma,t}$ 为年份 t 使用的设备 γ 的资本量；$A_{\gamma,t}$ 为各个设备的生产率系数。假定技术体现在人造资本中，设备越新，生产率越高，自然资本消耗量越低。两种设备的替代弹性记为 ε，$\varepsilon > 1$ 表示新旧设备不能完全替代，这意味着，即使出现了效率更高的新技术，厂商也愿意对旧技术进行投资。ε 越小，技术的互补程度越高。

设备的生产率受两种力量的影响：一种是中间产品部门的创新过程，由于本书分析的重点是新设备的扩散，因此我们将该因素视为外生变量，假定新出现的设备生产率必然高于已有的设备；第二种力量则是内生的，一种设备的生产率会随着使用逐渐提高，我们将其称为边干边学效应。综合这两方面，假定生产率的动态变化为

$$A_{\gamma,t} = A_0 e^{g\gamma} + [1 - (1 + aC_{\gamma,t})^{\lambda-1}](A_{\gamma}^{\max} - A_0 e^{g\gamma}) \tag{5-11}$$

式中，A_0 为生产率的初始水平；g 为外生的生产率增长速度；a 衡量的是边干边学效应的强度；$C_{\gamma,t}$ 为对设备 γ 的累计投资；λ 为经验曲线的曲率；$A_{\gamma}^{\max}$ 为特定设备的最大生产率，即技术达到成熟时的生产率的最大值。为了简化起见，假定 $A_{\gamma}^{\max} = \eta A_0 e^{g\gamma}$，$\eta = 1$ 表示不存在边干边学效应，设备的生产率只取决于外生的技术创新；$\eta > 1$ 表示存在边干边学效应，$0 < \eta < 1$ 表示生产率会逐渐向成熟水平靠拢。我们先考虑 $\eta = 1$，即不存在边干边学效应的情况。

任何机器设备在使用过程中都要消耗自然资本，如消耗能源、排放污染物等。由于一些经验研究已经证实，自然资本和人造资本的替代可能性非常小，出于简化分析的目的，我们在此假定二者完全不能替代，即

$$E_{\gamma,t} = \psi_{\gamma} K_{\gamma,t} \tag{5-12}$$

式中，$E_{\gamma,t}$ 为设备 γ 在年份 t 的自然资本消耗量；ψ_{γ} 为该设备的自然资本消耗率，假定随着时间的推移，ψ_{γ} 按照外生的速率 f 递减，即

$$\psi_\gamma = \psi_0 e^{-f\gamma} \quad (f \geqslant 0) \tag{5-13}$$

这意味着，在外生的绿色技术进步的作用下，新设备比旧设备更加节省自然资本，更有利于环境的可持续。整个经济在年份 t 使用的自然资本总量为

$$E_t = \int_{t-T}^{t} E_{\gamma,t} \,\mathrm{d}\gamma \tag{5-14}$$

在完全竞争状态下，最终产品部门的典型厂商面临的利润最大化问题可以表述为

$$\max \pi_t = P_{Y_t} Y_t - w_t L_{Y_t} - \int_{t-T}^{t} P_{K_{\gamma,t}} K_{\gamma,t} \,\mathrm{d}\gamma - \int_{t-T}^{t} P_{E_t} E_{\gamma,t} \,\mathrm{d}\gamma \tag{5-15}$$

式中，P_{Y_t}、w、$P_{K_{\gamma,t}}$ 和 P_{E_t} 分别为产出的价格、劳动的工资、人造资本的价格和自然资本的价格。我们假定该经济是一个小的开放经济，本国使用的国外产品数量微不足道，自然资本是唯一的进口产品，因此，国内的自然资本价格固定在世界水平。同样，为了简化分析，将工资率单位化为 1，$K_{\gamma,t}$ 由中间产品部门生产的设备数量决定。

2. 中间产品部门

中间产品部门由 T 个厂商构成，每个厂商生产一种不同的设备，每种设备对应一种不同的技术，具体的生产函数为

$$K_{\gamma,t} = L_{K_{\gamma,t}} \tag{5-16}$$

此外，在每个时期，厂商要进行生产还需要先支付一部分固定费用，用劳动表示记为 L_f，厂商的利润必须要能够弥补这部分成本。中间产品部门的厂商面临的利润最大化问题为

$$\max \pi_{\gamma,t} = P_{K_{\gamma,t}} K_{\gamma,t} - (L_{K_{\gamma,t}} + L_f) w \tag{5-17}$$

这些利润是消费者收入的一部分。假定劳动力的供给为常量 L，则有

$$L = L_{Y_t} + \int_{t-T}^{t} (L_{K_{\gamma,t}} + L_f) \,\mathrm{d}\gamma \tag{5-18}$$

式（5-18）成为式（5-17）的约束条件。在下一节，我们将求解上述模型的稳定状态，尤其是生产过程中使用的设备的种数。种数越多，表明新技术的扩散越慢。

三 模型的均衡状态

1. 最终产品部门

该部门厂商的利润最大化问题要分两个阶段求解，首先是根据式（5-15）确定人造资本、自然资本和劳动的最优需求量，将式（5-12）代入式（5-15），可

以得到

$$\frac{P_K K_t + P_E \psi K_t}{w L_Y} = \frac{\int_{t-T}^{t} (P_{K_\gamma} + P_E \psi_\gamma) K_\gamma \, \mathrm{d}\gamma}{w L_Y} = \frac{\alpha}{1-\alpha} \tag{5-19}$$

式中，P_K 为各种设备的价格加权平均形成的资本价格指数。然后，厂商根据式（5-20）、式（5-21）决定对一种特定设备的最优使用量：

$$\max_{K_\gamma} \left[\int_{t-T}^{t} (A_\gamma K_\gamma)^{(\varepsilon-1)/\varepsilon} \, \mathrm{d}\gamma \right]^{\varepsilon/(\varepsilon-1)}$$

$$\text{s.t.} \int_{t-T}^{t} (p_{K_\gamma} + p_E \psi_\gamma) K_\gamma \, \mathrm{d}\gamma \leqslant P_K K + p_E E \tag{5-20}$$

求解式（5-20）可以得到

$$K_\gamma = K_s \left[\frac{A_\gamma}{A_s} \right]^{\varepsilon-1} \left[\frac{p_{K_\gamma} + p_E \psi_\gamma}{p_{K_s} + p_E \psi_s} \right]^{-\varepsilon} \tag{5-21}$$

假定$\gamma < s$，即设备γ是包含新技术的新设备，设备s是代表旧技术的旧设备，由式（5-22）能够看出，厂商对新旧设备的相对需求取决于这两种设备的相对生产率和包括自然资本成本在内的相对价格。当替代弹性ε增大的时候，厂商对新设备γ的需求增加。这说明，新旧技术的互补性越小，厂商对生产率的差异越敏感，采纳新技术的激励越大。

2. 中间产品部门

中间产品部门的生产商会根据式（5-17）、式（5-21）决定自己利润最大化的产品价格，求解利润最大化条件可以得到

$$p_{K_\gamma} = \frac{\varepsilon}{\varepsilon - 1} \omega + \frac{p_E \psi_\gamma}{\varepsilon - 1} \tag{5-22}$$

这说明，新旧技术的互补性越高，最终产品生产商用于自然资本的支出占总成本的比重越大，新设备的生产厂商所能收取的价格就越高。

3. 设备的种数和劳动力的配置

本书的重点是分析技术的互补性对绿色技术扩散效率的影响。按照一般的定义，技术扩散效率是指新技术扩散的速度。在我们的模型中，技术体现在不同批次的设备中。一方面，由于新设备的生产率高，自然资本的消耗率低，随着时间的推移，经济中对旧设备的需求会逐渐减少；另一方面，年龄不同的设备之间存在着互补性，这又使得厂商不会立即淘汰旧设备，采用新设备，经济中存在着对旧设备的需求。然而，对于代表旧技术的老设备来说，固定成本的存在决定了总会有一个时候，需求的减少会使生产这种设备的厂商无利可图，厂商会停止生产，该设备从市场上消失。技术扩散的速度越快，新技术淘汰旧

技术的时间就越短，经济中使用的设备的种数也就越少。因此，在我们的模型中，绿色技术扩散的效率具体化为设备的种数T，或者说是尚在使用的最老的设备的年龄。T越小，技术扩散的效率越高。

需要说明的是，对于市场筛选技术的过程，我们的解释与现有研究不同。现有研究一般侧重于技术的需求方，认为一种技术之所以被淘汰，是由于使用该技术的厂商无利可赚，所以停止使用该技术；我们的解释则偏重于技术的供给方，无论是旧技术还是新技术，都有可能存在某些时点，市场对其的需求过低，提供这种技术的厂商获得的收入不足以弥补生产的固定成本，使得技术的生产厂商放弃生产该技术。从供给的角度解释绿色技术的扩散更加符合实际。在现实生活中，很多绿色技术的创新成果被市场淘汰，并不是因为这些新技术没有采纳的价值，而是在技术互补性的作用下，厂商为了最大化自身的利润不愿意完全淘汰旧技术，导致短期内对新技术的需求过少，技术的生产厂商不得不放弃提供新技术。这显然也是一种双重市场失灵。

要想确定均衡时的设备种数，我们首先需要确定劳动力在最终产品和中间产品生产中的分配。为了简化起见，先假定ψ_γ为常量，即$\psi_\gamma=\psi$，根据式（5-16）、式（5-19）和式（5-22），可得

$$L_Y=\frac{1-\alpha}{\alpha}\frac{\varepsilon}{\varepsilon-1}(1+\frac{p_E\psi}{\psi})\int_{t-T}^{t}L_{K_\gamma}\,\mathrm{d}\gamma \tag{5-23}$$

将该式代入式（5-18），可以得到经济中用于生产中间产品的劳动力数量：

$$\int_{t-T}^{t}L_{K_\gamma}\,\mathrm{d}\gamma=\frac{\alpha(\varepsilon-1)\omega}{(\varepsilon-\alpha)\omega+(1-\alpha)\varepsilon p_E\psi}(L-\int_{t-T}^{t}L_f\,\mathrm{d}\gamma) \tag{5-24}$$

本书假定中间产品部门的每个厂商只生产一种特定的设备。对于这种设备来说，只有收入能够弥补成本，厂商才会保持生产，这要求：

$$p_{K_\gamma}K_\gamma\geqslant(L_{K_\gamma}+L_f)\omega \tag{5-25}$$

根据式（5-16）和式（5-22），式（5-25）可以变形为

$$\frac{\varepsilon}{\varepsilon-1}\geqslant\frac{L_{K_\gamma}+L_f}{L_{K_r}}-\frac{p_E\psi}{(\varepsilon-1)w} \tag{5-26}$$

设备生产商获得的收入取决于最终产品生产商对这种设备的需求，式（5-26）决定了中间产品生产商从事一种设备的生产所要求的最低需求量，即最低生产规模。利用式（5-26）和式（5-16），能够得到

$$\overline{K}=\overline{L}=\left(\frac{\varepsilon-1}{(p_E\psi/\omega)+1}\right)L_f \tag{5-27}$$

式中，$\overline{K}=K_{t-T,t}$，是经济中将能生产的最老的设备的数量；$\overline{L}=L_{t-T,t}$，是生产该设备投入的劳动数量，二者都可用来衡量老设备生产商的最低生产规模。不

难看出，生产的固定成本越高，自然资本消耗率越低，新旧技术的替代弹性越大，最低生产规模就越高。

确定了旧设备的生产水平之后，利用式（5-21）和式（5-22），我们可以解出新设备的生产规模：

$$K_{\gamma,t} = L_{\gamma,t} = \overline{L}e^{g(\varepsilon-1)(\gamma+T-t)} \tag{5-28}$$

经济中生产的设备总量为

$$\int_{t-T}^{t} L_{K,\gamma}\,\mathrm{d}\gamma = \frac{L_f[e^{(\varepsilon-1)g^T}-1]}{g[p_E\psi/w+1]} \tag{5-29}$$

联立式（5-24）和式（5-29），能够求出经济当中生产的设备种数 T，即尚在使用的最老的设备的年龄，具体的求解模型为

$$[(\varepsilon-\alpha)w+(1-\alpha)\varepsilon p_E\psi]L_f[e^{(\varepsilon-1)g^T}-1]-\alpha g(\varepsilon-1)(p_E\psi+\omega)(L-TL_f)=0 \tag{5-30}$$

在下一节，我们将分析技术的互补性对 T 的影响。

四　技术的互补性与绿色技术扩散效率的动态分析

在我们的模型中，技术的互补性可以用两种技术的替代弹性间接衡量，ε 越小，互补性越大。为了考察互补性的变动对绿色技术扩散效率的影响，我们使用一个数字的例子。给定模型的一组参数：$\alpha=0.5$，$g=0.05$，$w=1$，$\eta=1$，$L=300$，$L_f=2$，$\psi=1$，$p_E=2$。利用式（5-30）可以算出，当 $\varepsilon=4.2$ 时，$T=11$；当 $\varepsilon=7.4$ 时，$T=6$。这说明，随着技术互补性的增大，旧技术在市场中存在的时间变长，新技术的扩散效率降低，我们将互补性影响技术扩散效率的具体机理归纳为命题 4。

命题 4：新旧设备之间的互补性提高：会降低设备生产厂商生产一种设备所需的最低生产规模；最终产品生产商对不同设备的相对需求变化趋于迟缓。因此，新设备的扩散速度减慢，绿色技术扩散效率降低。

首先，当技术互补性提高时，由式（5-22）可知，中间产品生产商能够对其所生产的设备收取更高的价格，在生产的固定成本既定的情况下，只需有较低的需求量生产商就能有利可赚。最低生产规模的降低使得更多的旧设备不会因需求过少而被淘汰，新技术取代旧技术的时间变长。其次，当技术互补性变大时，根据式（5-21），厂商会更加关注技术的横向差异特征，而对生产率的变动敏感度降低，这意味着最终产品生产商会更愿意保留旧设备，即使新设备的生产率更高。正是由于上述两方面效应，新旧技术之间的互补性越高，新技术的扩散速度越慢。

上面的分析没有考虑边干边学效应，下面考虑存在边干边学效应的情况。

在式（5-11）中，当$\eta > 1$时，设备的生产率最初以较快的速度增长，增长到一定程度之后，速度放慢，最后会稳定在该设备的最大生产率水平上。式（5-11）表明，一种技术的实际生产率要取决于以往对该技术的累计投资，这与已有的经验研究相吻合。根据式（5-11）和式（5-21）可以得到命题 5。

命题 5：从新旧程度来看，边干边学效应意味着经济中效率最高的技术是处于中间的技术，在一段时间内，厂商对新技术的需求相对较低，因此，新技术的扩散速度减慢。

在存在边干边学效应的前提下，给定模型的一组参数：$\alpha = 0.5$，$g = 0.05$，$w = 1$，$\eta = 1.25$，$L = 300$，$L_f = 2$，$a = 0.2$，$\lambda = 0.5$ $\psi = 1$，$p_E = 2$。利用式（5-30）可以算出，当$\varepsilon = 4.2$时，$T = 12$；当$\varepsilon = 7.4$时，$T = 8$。

显然，边干边学效应加剧了技术的互补性对绿色技术扩散效率的负面影响。之所以存在这种效果：一方面是因为边干边学效应人为缩小了新旧技术的实际生产率差异，在同等条件下，厂商保留旧技术的时间变长；另一方面则是因为使用中积累起来的经验和知识成为技术的又一个重要的横向差异特征，间接提高了新技术取代旧技术的障碍。

由上面的模型可以看出，在绿色技术的扩散中，当新技术和旧技术存在较大的互补性时，即使新技术的生产率更高，厂商也不会马上转而采纳新技术，这不仅降低了新技术的扩散效率，对新技术需求的不足还会抑制技术的提供厂商继续提供新技术的激情，导致新技术被旧技术挤出市场。提高绿色技术扩散的效率，需要降低技术的互补性。对于绿色技术而言，降低新旧技术之间互补性的一个途径是加大根本性创新的力度。由于技术的横向差异是客观存在的，只有新技术具有非常明显的效率优势，才能抵消厂商对某些横向差异特征的偏好，使其乐于采纳新技术。目前的绿色技术创新成果绝大多数属于渐进式创新，新技术只是对现有技术的局部调整，效率优势并不显著，这是新技术在很长一段时间内不能完全取代旧技术的直接原因。而绿色技术之所以缺少根本性创新，部分反映了政府和厂商在面临环境保护压力时，对短期利益与长期利益所做的一种权衡。研发新材料、生物科技等属于根本性创新的绿色技术虽然能够大幅度降低产出的环境成本，提高生产效率，却需要耗费很长的时间。这意味着一旦政府的研究机构和厂商选择从事这种创新，就不得不在很长一段时间内继续维持现有的生产状态，其对环境的关注短期内很难得到外界的承认。因此，当公众和政府通过舆论或政策要求厂商立即减少对环境的损害时，厂商往往会选择能够立竿见影的渐进式创新。推动绿色技术的根本性创新，客观上需要政府协调好短期和长期目标之间的关系。

降低绿色技术互补性的另外一个途径是提高自然资本的价格。新技术的自然资本利用效率高于旧技术，如果节约自然资本能够给厂商带来较大的经济收益，厂商对新技术的采纳倾向会上升，而自然资本的价格则是决定这种收益的主要因素。从式（5-27）可以看出，在其他条件既定的情况下，自然资本的价格越高，厂商对新旧技术的自然资本使用效率差异越敏感。以何种方式提高自然资本的价格才能有效促进绿色技术的扩散，是一个需要在政策层面上进一步研究的问题。

第六章 可持续经济增长的政策选择

本书对可持续经济增长实现机理的分析已经证明，经济增长路径不会自发向可持续路径收敛，协调经济增长与环境可持续的矛盾，客观上需要政府政策的干预。近十年来，各国政府虽然采取了很多措施试图解决经济增长中的环境问题，但在政策设计上往往缺少系统性，环境政策只关注环境质量，很少考虑对经济政策的影响，财政、货币等经济政策则只着眼于经济因素，忽略了自然资源开采、污染损害等环境问题。政策的割裂加剧了经济增长与环境的两难冲突，尤其是在发展中国家，一些政府不得不本着增长优先的原则而将环境放在次要的位置。事实上，如果能够纠正经济当中的双重市场失灵和双重政府失灵获得有利于环境的技术效应，经济增长与环境可持续可以存在协调发展的空间。这既是本文前面各章的研究结论，也构成了本章对可持续经济增长政策进行研究的主要依据。我们的分析将表明，以可持续经济增长为目标的政府政策应当是由环境政策、技术政策和经济政策相互配合组成的政策体系，具体政策工具的选择要取决于一国经济发展的阶段、初始自然资本存量等因素。在对可持续经济增长的政策体系、政策工具进行分析的基础上，本章还将探讨我国可持续经济增长的政策选择。

第一节　可持续经济增长的政策体系

一　可持续经济增长的政策目标

根据第二章对可持续经济增长路径的界定，可持续经济增长的外在特征表现在两个方面：一是经济增长，二是环境压力减轻或至少不增加。促进可持续经济增长的实现，要求政府的政策必须同时兼顾这两方面目标。由于经济增长与环境压力之间的关系实质是人力资本、人造资本和自然资本的代际配置，我们可以将可持续经济增长的政策目标表述为下面的动态优化问题：

$$\max_{a_t,n_t,Sb_t,C_t}\sum_t(1+r)^{T-t}\left\{L_t\frac{(C_t/L_t)^{1-\tau}}{1-\tau}\right\}$$

$$\text{s.t.}\begin{cases}\text{GDP}_t=f(K_t,H,n_t,\theta_t)(1-d_t)\\ K_t=K_{t-1}(1-\delta_t)+I_{t-1}\\ H_t=H_{t-1}(1-\delta_h)+h_{t-1}\\ N_t=N_{t-1}(1+R)-n_t\\ S_t=\text{GDP}_t-\text{TI}_t-C_t\\ I_t=a_tS_t\\ h_t=(1-a_t)S_t\\ \theta_t=g(H_t,n_t,K_t,\text{TI}_t)\\ d_t=0\forall N_t\geqslant\delta_1;\quad d_t=\delta_0\left[\dfrac{\delta_1}{N_t}\right]^{\delta_2}\forall N_t<\delta_1\end{cases}\tag{6-1}$$

在式（6-1）中，存在三个宏观政策杠杆：①国内储蓄在物质资本再生产和人力资本再生产间的分配比例 a；②技术经费的投入水平 TI_t，包括政府自己从事研发的投入和用于刺激厂商从事技术创新、采纳新技术的投入；③给定时期的自然资本消耗量 n_t。可持续经济增长的具体政策目标就是如何通过调整这三个政策变量，使社会总体效用函数的现值达到最大。

经济系统内部各变量之间的相互作用及经济系统与环境系统的交互影响为可持续经济增长政策的制定设置了一系列约束条件。首先，总产出水平要取决于可获得的物质资本存量 K、人力资本存量 H、自然资本消耗量 n 和技术水平 θ。国内储蓄 S 中用于物质资本生产的投资 I 和用于人力资本生产的投资 h 直接决定了物质资本和人力资本存量的多少，二者的分配比例由控制变量 a 决定。国内储蓄 S 则等于总产出减掉消费 C 和技术投入 TI。其次，在产出增长的过程中，环境可持续程度的变化直接表现为自然资本存量的增减。自然资本存量的动态变化取决于环境系统的再生速度 R 和当期消耗的自然资本存量 n。当自然资本存量低于可持续的临界值 δ_1 时，会导致环境损失。因此，式（6-1）中的 GDP 实际上是考虑到了环境可持续的绿色 GDP，其增长速度可以近似地认为是可持续的经济增长程度。最后，当新技术出现并在经济当中扩散的时候，经济系统的技术状态 θ 会发生变化，这会改变不同生产要素的生产率和替代弹性。技术状态 θ 的变化抽象为函数 $g(.)$，由物质资本存量、人力资本存量、自然资本的使用量和技术投入 TI 决定。

从上述分析可以看出，可持续经济增长的政策目标与传统的经济增长政策有相似之处，都要保证人均产出的代际非递减。不同地方在于，在促进经济增长的同时，以可持续经济增长为目标的政府政策必须考虑环境对经济增长的约束。按照对环境可持续赋予权重的不同，可持续经济增长路径有强可持续和弱可持续之分。因此，除了满足既定的约束条件之外，在可持续经济增长的政策目标中，还面临着选择何种增长路径的问题。强可持续经济增长体现了环境可持续的审慎原则，要求将经济增长的环境压力严格限制在可持续的水平，弱可持续经济增长则只要求保持环境压力递减。显然，如果以强可持续增长路径作为政策目标，最优资源配置组合中自然资本所占的比例要更高，政府的资源配置需要向环境倾斜。只有一国面临的经济增长压力较小时，才会比较容易做到这一点。因此，收入水平较高的发达国家可以以强可持续经济增长作为政策目标，而对于收入水平较低、面临巨大增长压力的发展中国家，以弱可持续经济增长作为短期的政策目标更为可行。

二 经济增长政策与可持续经济增长政策

可持续经济增长不是要停止经济增长，而是要使经济增长不影响环境的可持续。一部分政策在促进经济增长的同时也有助于环境的可持续，如改进生产方式能够减少生产过程形成的废物，减少污染；明晰土地的产权既能调动农民的生产积极性，也能避免农民过度使用土地。然而，多数经济增长政策因为政策的扭曲、市场失灵、制度约束等因素往往会对环境造成负面影响。例如，很多发展中国家为了促进经济增长采取了出口促进政策，由于这些国家在国际经济分工中的比较优势产业通常是一些自然资本密集型的产业，出口的增长会提高自然资本密集型产业的利润率，如果自然资源的价格偏低，不可避免地会刺激经济个体过度开采自然资源。此外，促进经济增长的政策还会通过收入效应增加经济当中对能源和其他自然资源的需求，加剧环境压力。

图 6-1 为经济增长政策通过价格效应和收入效应对环境可持续施加的影响。假定一个经济对森林资源的开采完全放开，对木材的需求 D 取决于木材的价格 P 和经济总体的收入水平 Y。D_0 是对木材的初始需求曲线，由边际开采成本决定的有效率的木材价格为 P_S。由于该价格没有考虑开采森林对环境可持续的负面影响，因此偏低，相当于政府对木材使用者进行了补贴。假定满足可持续标准的最大开采量为 Q_L，初始的木材开采量为 Q_0，$Q_0 < Q_L$，不会造成环境损害。

假定政府实施了一系列刺激经济增长的政策，收入的提高增加了对木材的需求，使得需求曲线由 D_0 上移至 D_1。这种收入效应可能来自于建筑业的发展，也可能是因为出口的拉动。如果价格不变，木材开采量会增加至 Q_S，超过可持

续的开采量 Q_L，从而造成严重的环境损害。然而，解决这一问题并不需要停止经济增长，而是需要引入其他的政策措施，调整木材的市场价格。例如，首先可以通过产权制度的调整改变森林的公有资源性质，消除木材市场价格中的经济补贴 ES，由此形成的价格 P_E 能够将木材开采量减少至 Q_E，仍然高于 Q_L。下一步可以考虑通过征税的方式将木材开采导致的物种多样性丧失、水土流失等外部成本内部化，获得完全反映环境成本的价格 P_{EN}，此时木材开采量 $Q_{EN} < Q_L$。

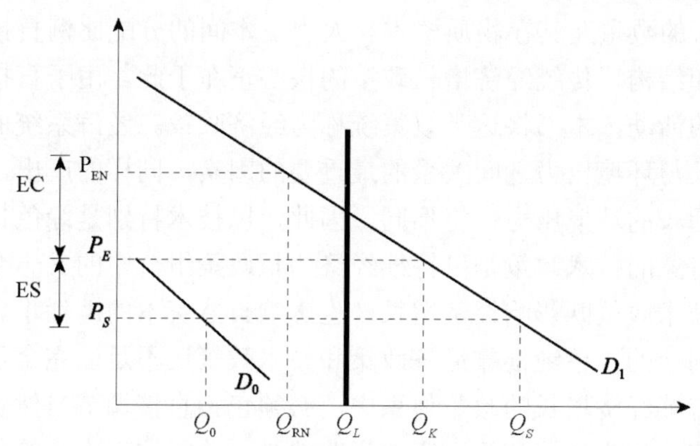

图 6-1 经济增长政策与可持续经济增长政策

上面的例子虽然简单，却能够说明可持续经济增长政策的基本思路。从政策设计角度来看，由于可持续经济增长的目的是协调经济增长与环境可持续的矛盾，而并非激进的环保主义者所主张的那样，为了环境的可持续而放弃经济增长，因此，可持续经济增长政策不可能全盘否定现有的经济增长政策，而是需要将经济增长政策与其他的政策工具进行组合，预先消除经济增长对环境压力的负面影响。因此，可持续经济增长政策应当是一个政策包，其中既包含促进经济增长的政策，也包含降低环境压力的政策，在实施推动经济增长的政策时，必须同时执行其他配套的控制环境压力的政策，而不是等到环境损失发生之后再加以治理和弥补。这一点也是可持续经济增长政策有别于环境政策之处。

三 可持续经济增长的政策组合

上面的分析说明，以可持续经济增长为目标的政府政策应当是由一组促进经济增长和减轻环境压力的政策组成的政策体系。那么，在这一政策体系中，到底应当包括哪些政策？

本书对可持续经济增长实现机理的研究已经表明，促使经济增长路径向可持续路径收敛的最根本途径是通过纠正经济当中的双重市场失灵和双重政府失灵获得有利于环境的技术效应。双重市场失灵和双重政府失灵的实质是自然资本、物质资本和人力资本的无效配置，而改变自然资本、物质资本和人力资本的配置状态则需要借助于式（6-1）中的三个政策杠杆，即国内储蓄的分配比例 a、技术经费的投入水平 TI_t 和给定时期的自然资本消耗量 n_t。因此，在可持续经济增长的政策组合中，需要针对这三个政策杠杆设置不同的政策。

国内储蓄的数量及其在物质资本和人力资本间的分配比例直接影响着经济增长的速度和结构，传统经济增长政策的核心正在于此。由于直接的政策对象是经济系统的活动，本书将这类政策统称为经济政策。经济系统的技术状态是决定经济增长与环境压力之间关系的最重要的因素，同样的产出，所用的技术不同，经济增长的环境压力也将不同，因此，以技术特别是绿色技术的创新和扩散为政策对象的技术政策是可持续经济增长政策组合中的又一个重要部分。经济政策和技术政策既影响经济增长，也影响自然资本的消耗量。然而，由于这种影响是间接的，单纯依靠经济政策和技术政策还不足以完全保证环境的可持续性。可持续经济增长的政策体系中，必须包括直接调节自然资本消耗量的政策，我们将之称为环境政策。需要说明的是，除了这三类政策外，减轻经济增长的环境压力还需要社会伦理和文化层面的改变作为支撑，由于这类政策更多属于社会学的研究范畴，本书不做考虑。

对于政府而言，要想真正协调经济增长与环境可持续的矛盾，需要将经济政策、技术政策和环境政策有效组合在一起。图 6-2 说明了这三类政策在可持续经济增长政策体系中的分工和相互影响。从中可以看出，单纯依靠任何一类政策都无法在经济增长的同时减轻环境压力。目前很多政府政策之所以面临着经济增长和环境的矛盾，正是因为忽略了政策的组合问题。例如，环境政策只是强调污染的控制，缺乏技术政策的支撑，使得厂商只能在控制产量和付费污染之间进行选择，由于这二者都会给厂商带来损失，很多厂商尤其是小厂商往往倾向于逃避环境责任，而经济政策的实施因为没有相应的环境政策来矫正其对环境的负面影响，又会在带来经济收益的同时威胁环境的可持续。只有以政策组合的方式系将环境、经济和技术政策捆绑在一起，才能真正协调经济增长与环境可持续的矛盾。

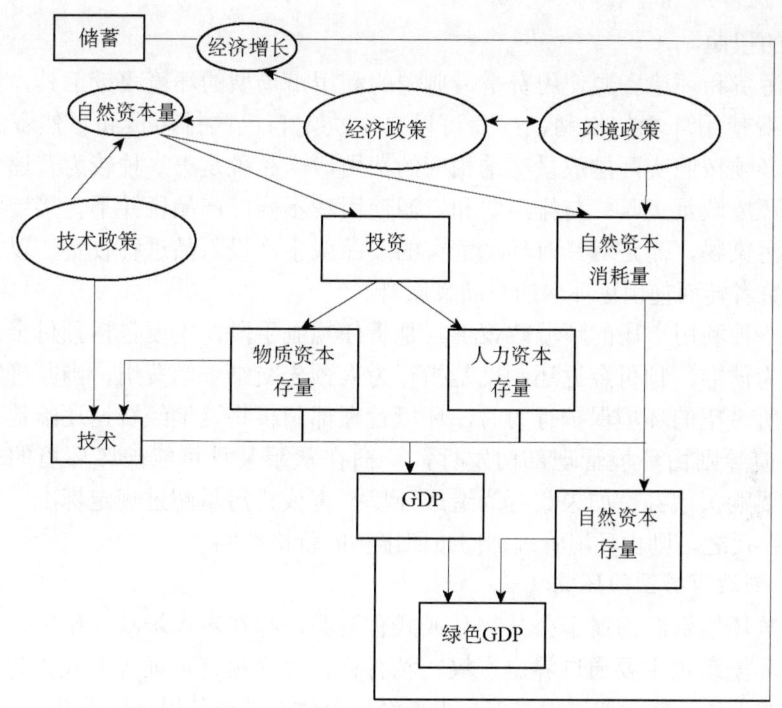

图 6-2　可持续经济增长的政策体系

第二节　可持续经济增长政策工具的选择

以可持续经济增长为目标的政府政策应当是由环境政策、技术政策和经济政策共同组成的政策体系，每一类政策都有很多政策工具，在将这三类政策组合在一起的同时，还必须解决政策工具的选择问题。

一　环境政策工具

环境政策工具种类非常多，大致可分为利用市场型、创造市场型、环境管制、信息提供和公共参与四类。

1. *利用市场型的环境政策*

微观经济个体的经济活动之所以会对环境造成损害，一个主要原因就是市场价格不能反映环境损失的外部成本，利用市场型的环境政策工具正是针对这一原因，通过付费将环境资源的使用成本内化于厂商的经营决策，从而矫正市场价格的扭曲。

排污费和环境资源使用费是最典型的利用市场型的环境政策工具，其给予厂商付费使用环境的权利，厂商可以自主决定自己的排污量和自然资源使用量，但必须按照实际排放量交纳相应的费用。产品税是第二种较为普遍的利用市场的环境政策工具。与排污费和资源使用费不同，产品税并不直接针对厂商排放的污染物，而是对具有环境危害的产品或生产投入品进行收费，以激励厂商或消费者转而使用更环保的产品或原料。

第三种利用市场的环境政策工具是责任规制手段，主要包括预付金返还和环境行为债券。预付金返还制度是指行为人预先交纳一笔费用，当其确实采取了社会所希望的环境保护行为时，环境管理部门再将这笔经费返还给他们。环境行为债券则由环境管理部门发行，厂商在从事某种可能破坏环境的行为之前，需要购买债券，如果其行为造成环境损害或排污量超过规定标准，债券将被作废；反之，则由环境管理部门按照出售的价格购回。

2. 创造市场型的环境政策

多数环境资源都属于公共物品或共有资源，存在着市场缺失现象，创造市场型的环境政策主要通过界定产权、私有化、可交易许可证等方式人为地创建环境资源市场，然后通过价格信号引导经济个体有效地使用环境资源。

界定产权的一种主要方式是由政府与经济个体就土地、森林等自然资源签订长期使用合约，产权的明晰往往能够激励经济个体以可持续的方式管理和使用这些资源。私有化的目的是将自然资源行业由公共部门变成私人部门。一般说来，当自然资源是公共部门时，价格总是偏低，并且投资激励不足，而私人部门出于利润最大化的需要则不仅会提高自然资源的价格，也更愿意为了长期目标对自然资源的养护和再生进行投资。

可交易许可证是最为典型的创造市场型的环境政策工具，其主要思想就是建立合法的自然资源和环境服务的使用权利，并允许这种权利在市场上进行交易。排污费等利用市场型的环境政策工具是先确定自然资源和环境服务的使用价格，自然资源和环境服务的实际使用数量要取决于经济个体的决策。而可交易许可证则是先由政府确定最大的自然资源和环境服务使用数量，使用价格则由经济个体通过市场交易决定。

3. 环境管制政策

最常见的环境管制政策包括环境标准、罚款与配额等，在直接管制政策下，厂商只需按政府规定的标准排放污染物，而不必对低于排放标准的那部分污染物造成的损失支付任何成本，因此与没有政府干预的情况相比，直接管制政策只是通过控制污染减少了外部负效应，而没有使之完全消除。另外，管制政策在具体实施时大都对各污染源规定统一的排污标准，由于不同排污企业治理污染的技术水平不同，直接管制政策无法在实现环境目标的同时实现污染控制成本的节省。

尽管在所有的环境政策中，管制政策是公认的效率最差的一类，但实际应用却最为广泛。这其中的一个主要原因是由于相对前面两类政策，环境管制政策最容易操作，并且容易监督。在存在严重的道德风险，或者只有少数几个污染源的时候，以市场为基础的环境政策往往行不通。例如，只有两三个电厂排放二氧化硫，无论是排污费还是排污权交易，实施成本和监督的难度都要高于直接的环境标准。在这种情况下，环境管制政策往往是一种最佳的政策工具。

4. 信息提供和公共参与政策

上面三类政策工具主要针对的是经济当中的厂商，属于供方管理政策，解决环境问题还必须进行需方管理。很多经验研究表明，向消费者提供有关环境问题的信息并让他们参与环境政策的制定是政府干预环境问题的一个有效途径。以绿色标识为代表的环境信息披露政策能够帮助消费者更好地了解绿色产品，培育对绿色产品的需求。由于需求决定供给，这会影响到厂商的生产决策，从而减轻产出的环境压力。然而，环境信息披露政策能否真正收到预期效果，要取决于两个假设：一是消费者有能力接受各种环境信息；二是个体的偏好与社会偏好一致。然而，即使是环保意识较高的美国，也只有16%的消费者在购物时详细阅读商品说明，30%的消费者认为能源效率是商品的一个重要特征。

加强环境政策制定中的公共参与因素能够提高环境政策的公共认可程度。顾客、行业协会及社区等相关利益群体对环境政策的执行具有重要影响，让他们参与环境政策的制定一方面能够更好地促进环境信息的传播和扩散，另一方面也能减轻政策实施中的阻力。

二 技术政策工具

经济活动的环境压力与技术密切相关，虽然市场能够为厂商提供从事技术创新和采纳新技术的激励，但在该领域也存在着各种类型的市场失灵，需要政府的技术政策进行干预。在可持续经济增长的目标下，政府的技术政策主要集中于绿色技术的创新和扩散。

1. 技术创新政策

私人厂商对研发投资的贴现率通常低于社会最优水平，在计算投资回报的时候往往忽略投资的社会收益，因此很可能对研发投资不足，需要政府进行干预。政府干预技术创新的最重要方式就是政府直接从事基础性的研发活动，对于私人收益显著小于社会收益的绿色技术创新，这一政策尤为重要。

技术创新政策的另外一个方面是由政府为厂商的研发活动提供资金支持。政府可以直接出资资助私人厂商的绿色技术创新活动，或通过税收优惠间接地刺激厂商从事溢出价值较大的技术创新。近几年，政府采购也成为激励厂商从事绿色技术创新的一项主要政策。政府部门的需求构成了一个大市场，加大政府采购合同中绿色产品的比重会起到导向性的作用，有利于厂商绿色技术创新成果的问世。然而，只有当政府采购对象是处于产品或产业生命周期早期阶段的产品时，才能真正起到激励技术创新的作用。

2. 技术扩散政策

虽然技术创新政策是很多国家用于促进技术进步的主要政策工具，越来越多的学者却认为，技术政策的重点不应放在创新上，因为即使增加技术创新投资，经济当中也并不一定会发生合意的技术进步，真正决定技术进步速度和方向的是技术的扩散环节，这也正是本书选择从技术采纳的角度研究绿色技术进步过程的原因。

技术扩散环节的市场失灵主要源于信息不完全、市场结构和网络外部性。理论研究通常假定厂商知道一项新技术的成本、收益及技术特征的动态变化，因此能够在不同的技术之间自由转换，但事实却是，多数厂商尤其是小厂商对新技术的信息掌握甚少，往往会做出偏离社会目标的技术决策。厂商拥有的垄断势力同样会导致新技术的扩散偏离社会目标，有时扩散速度过快，有时扩散速度过慢。而网络外部性则是技术扩散过程的一个显著特征，新技术的潜在采纳者通常并不是孤立存在的，产业链、行业协会甚至简单的邻里关系等各种正式或非正式的网络将其联结在一起，一个厂商的技术采纳决策会通过知识溢出效应和基础设施溢出效应影响到其他厂商的采纳决策。如果这种网络外部性很强，新技术在扩散初期会面临较大的阻力。

政府可以利用两类政策克服技术扩散过程中的市场失灵：一是信息政策；二是经济激励。信息政策的目的是增加新技术的信息流量，降低技术扩散过程中的不确定性，具体形式包括信息推广计划、示范工程、公共信息平台、新技术发布会、人员培训等。经济激励具有双重目的，一方面是为了解决厂商采纳新技术经费的不足；另一方面，也是更主要的则是克服新技术采纳中的网络外部性。政府在新技术扩散初期对采纳该技术的厂商提供补贴、税收优惠等好处，促使更多的厂商采纳新技术。随着新技术采纳厂商数量的增加，新技术的运行成本和配套设施成本会不断下降，剩余厂商会比较容易接受新技术。

三 经济政策工具

任何经济政策都会以某种方式影响到环境，一些学者对此进行了研究，发现正面影响和负面影响同时存在。因此，经济政策工具不应当直接针对环境目标，在可持续经济增长的政策体系中，其作用主要是通过调节国民储蓄在物质资本和人力资本间的分配比例，促进经济的增长。

近几十年来，对于如何利用经济政策促进一国的经济增长，理论界已经形成了一大批有价值的研究成果，主要政策建议包括刺激储蓄、促进专业化分工、吸引外国投资、实行贸易自由化、完善金融体系、提高人力资本存量、健全产权制度，推动技术创新，等等。政府可以选择的经济政策工具种类非常多，除了最常用的财政政策和货币政策之外，对外贸易政策、产业政策、区域政策也是重要的政策工具。由于本文的核心是研究经济增长与环境可持续矛盾的协调途径，而不是分析如何实现经济增长，加之该领域的研究成果已经颇为丰富，本文在此不做过多论述。

四　政策工具的组合与选择

可持续经济增长政策工具的组合和选择需要解决两个问题：一是政策包中技术政策、环境政策与经济政策的组合比例；二是每一类政策具体政策工具的选择。由于在经济发展的不同阶段，初始自然资本存量不同的经济所面临的双重市场失灵和双重政府失灵的形式不同，可持续经济增长政策工具的组合和选择也会不同。

1. 经济发展阶段

第三章的分析说明，双重政府失灵主要源于价格支持政策、生产要素补贴和环保补贴，取消这些政策既能消除资源配置的扭曲，又能降低环境损害。人均收入已经达到较高水平的发达国家因为面临的经济增长压力较小，经济个体对环境质量的偏好较高，可以直接取消这些政策。但对于收入较低的发展中国家来说，直接取消这些政策面临的阻力会很大。例如，在发展中国家，直接取消对能源的补贴会增加能源密集型行业的生产成本和居民的生活成本，为避免加剧经济波动和社会的不公平，政府需要事先采取配套的技术政策和经济政策，刺激环保替代能源和节能技术的研发与扩散，并利用税收等收入再分配政策缩小收入分配差距。此外，与发达国家不同，发展中国家的双重政府失灵还有一部分是因为政府决策能力和机制上的不足，这需要通过改进公共管理程序、人力资本投资等经济政策手段来解决。

厂商的绿色技术采纳决策是双重市场失灵的主要形式。第五章对厂商绿色技术决策的研究已经证明，收益的不确定性会导致绿色技术采纳的后动优势。降低绿色技术收益的不确定性需要从成本削减和绿色产品市场两方面着手。要想使绿色技术节约的自然资本能够给厂商带来稳定的收益，需要保持环境政策的稳定性和提高自然资本的价格。经济发展所处阶段不同的国家，实现这一目标所应采取的政策工具不同。发达国家的市场机制较为健全，可以更多采取高效率的利用市场型和创造市场型的环境政策。而发展中国家因为市场机制尚不成熟，以市场为基础的环境政策难以实施，应当采用直接的环境管制政策和排污费等简单易行的利用市场型的环境政策工具。绿色产品溢价收益的不确定性主要源于绿色产品市场的信息不对称，实施绿色产品认证和标识、绿色产品信息发布等信息型环境政策是避免绿色产品市场逆向选择的主要方式。但对于低收入的发展中国家来说，只实施这些政策还不够，因为即使消费者能够准确识别出用绿色技术生产出的绿色产品，也并不一定愿意为此支付更高的价钱。为了提高绿色技术的扩散速度，政府还需要同时实施政府采购、经济激励等技术政策工具，间接地降低绿色产品收益的不确定性。

新旧技术之间的互补性越高，新技术的扩散速度就越慢。对于绿色技术而言，降低技术互补性的一个主要途径是增加根本性的绿色技术创新。由于根本性的绿色技术创新研发周期长，风险大，单个厂商缺乏从事这类创新的激励，所以需要政府的研发机构从事研究，或政府出资资助有实力的厂商。在技术创新政策之外，还需要利用环境政策提高自然资本的价格，并制定相应的技术扩散政策。因为发展中国家的政府创新能力和资金不足，多数情况下是从发达国家引进相应的技术，后面两个政策工具更为重要。

2. *初始自然资本存量*

消耗自然资本引起的环境损失是不连续的。当自然资本存量较高时，消耗自然资本对环境可持续的影响较小，但当自然资本存量低到一定程度时，自然资本存量每减少一个单位，引起的边际环境损失会很大。由于可持续经济增长政策制定的基本原则是将经济增长政策与降低环境压力的政策事先捆绑在一起，政策制定时的初始自然资本存量不同，降低环境压力的紧迫性将不相同，政策工具的组合和选择自然也应不同。

对于初始自然资本存量较高的经济，协调经济增长与环境可持续的矛盾可以采取相对温和和长期性的政策工具，如环境政策中的信息提供和公共参与政策、界定产权、许可证交易，以及技术扩散政策中的信息政策等。而对于初始自然资本存量较低的经济，出于审慎性原则，政策组合中应加大环境政策的比重，并更多选择能够直接影响自然资本存量、政府易于控制、见效快的政策工具，如直接的环境管制政策，政府研发投资、技术管制等技术创新和扩散政策。

第三节 中国可持续经济增长的政策选择

在过去的 20 年，中国是世界上经济增长率最快的国家之一，20 世纪 80 年代和 90 年代年平均 GDP 增长率为 10.1%和 10.7%，在世界 200 多个国家和地区之中分别居第二位和第一位（胡鞍钢，2001）。然而，与大多数发展中国家一样，我国经济的高速增长是以自然资源的快速消耗和环境的恶化为代价的，按照世界银行的估算，1980～2002 年，我国能源消耗量猛增 102%，自然资源的平均耗竭率占 GDP 的 12%。需要说明的是，由于数据的可获得性和方法的局限，世界银行的这一计算并没有包括所有的自然资本损失，不但水污染、SO_2污染和其他有害、有毒物质的污染损失没有计入，而且也没有考虑生态破坏的损失，如水土流失、土地荒漠化、生物多样性等损失。如果将所有的这些自然资本损失计算在内，我国的自然资本损失将会更加惊人。

中国作为人均收入仍然处在较低水平、截止到 2015 年年底还有 7000 万左右人口没有摆脱贫困的发展中大国，为了环境的可持续而停止经济增长是不现实。而一方面，虽然很多地方政府本着先发展、后治理的原则，希望经济增长到一定程度之后环境压力能够自动减轻，我们的研究却已经证明，经济增长路径向可持续路径的收敛不具有自发性，如果没有外力的干预，单纯依靠经济增长并不能保持环境的可持续。在这种情况下，实施以可持续经济增长为目标的政府政策就显得极为必要。

由上节可知，以可持续经济增长为目标的政府政策应当是由促进经济增长的政策和降低环境压力的政策捆绑在一起形成的政策包。对于我国来说，这意味着政府在制定和实施每一项经济增长政策时，必须配套实施相应的环境政策和技术政策，预先控制增长带来的环境压力。我国目前的做法与此相反，经济增长政策只以增长为目标，环境政策更多是事后治理，技术政策尤其是技术扩散政策则没有得到足够的重视，正是这种割裂的政策模式造成了我国当前在经济增长与环境可持续上的两难处境。

根据本书对可持续经济增长实现机理和政策的研究，可持续经济增长的政策空间在于经济当中的双重政府失灵和双重市场失灵。与发达国家不同，我国的双重政府失灵更多表现在产权制度上。现阶段我国产权制度是多种所有制并存，但主体仍为包括国有制和集体制所有制两种形式在内的公有制。无论是国有制还是集体所有制，其所有权、管理权和使用权都是相互分离的，因而按产权理论的标准，其产权关系均是残缺的，不仅缺乏经济效率，也影响了自然资源和环境的可持续利用，造成资源的过度使用和浪费，增大了环境污染、破坏的治理难度，对各级代理人难以实行有效的约束，导致资源综合利用和保护的激励不足，抑制了厂商采纳绿色技术的激励。矫正产权制度上的双重政府失灵一方面需要使用创造市场型的环境政策工具，另一方面则需要经济政策的相应调整。从产权制度的改进方式上看，由于很多自然资源和环境服务天然具有公共物品的属性，不可能完全私有化，所以产权调整的方式应当将诱致性调整和强制性调整结合在一起。诱致性调整包括适当延长现有自然资源的承包期限，鼓励资源使用权的有偿转让，建立完备的监督机制等措施，目的是使资源微观经营层面的产权关系趋向完整。强制性调整是指政府通过综合运用经济、环境和技术等政策工具，强制性地改变自然资源的产权归属，其中包括国有产权排他性权利的使用。此外，消除我国的双重政府失灵应采取的另一项政策是取消对资源密集型行业的补贴，为防止成本的变化在短期内影响这些行业的产出和竞争力，应在取消补贴的同时利用技术扩散政策推动替代型绿色技术的传播和扩散。

我国经济中的双重市场失灵非常严重，厂商普遍缺乏从事绿色技术创新和采纳绿色技术的激励，这意味着，我国经济增长的环境压力实际存在着很大的下降空间。根据上一节的分析，促使厂商采纳绿色技术的一个途径是降低绿色技术收益的不确定性。从我国目前的情况来看，绿色技术的收益之所以不确定性很大，一个很重要的原因是我国的环境制度不健全，政府的重点过多放在环境政策的制定上，对政策的执行和监督则缺乏力度。以污染控制为例，国家“九五”污染总量控制计划虽然规定了全国和各地区 12 种主要污染物的排放总量，但总量标准定得偏低，总量的监控环节较为薄弱，厂商有很大可能逃脱污染治理的责任，实际排污量与其承担的成本并不一致。环境收费标准较低，在一些地区，厂商还可以通过游说、贿赂等方式与环境部门讨价还价，人为降低实际的环境费标准。在这种情况下，绿色技术以节约自然资本的方式所能给厂商带来的收益偏低，并且是很不确定的，这自然导致了厂商在绿色技术采纳中的等待型博弈。解决这一问题需要完善现行的环境制度，在政策工具的选择上，不应一味模仿发达国家的做法，应根据自然资本的存量将环境管制、利用市场型、创造市场型、信息提供和公共参与四类政策工具有机组合在一起，并以前两类为主。提高环境管制和环境收费的标准，环境收费的重点除了排污费之外，还应当加大产品税的征收力度。为了加强环境政策的执行力度，可以更多地借助现有的税收征收体系。

降低绿色技术收益的不确定性还需要完善绿色产品市场，我国虽然已经实行了绿色产品标识制度，但由于绿色产品的价格较高，刺激了很多厂商的造假行为，绿色产品市场上的逆向选择较为严重，在这种环境下，采纳绿色技术所能获得的产品溢价收益具有很大的不确定性，这是我国目前很多企业不愿意采纳绿色技术的又一个重要原因。消除绿色产品市场的逆向选择一方面需要政府进一步完善绿色产品标识制度，充分运用绿色产品信息发布等信息类政策工具，改善绿色产品市场的信息不对称；另一方面则要严格规范绿色产品市场的竞争秩序，加大对假冒绿色产品生产厂商的惩罚力度。在这些政策的基础上，政府还要通过经济激励、教育和信息推广的方式培育对绿色产品的需求，并在政府采购中加大绿色产品的采购比重，以此拉动整个经济对绿色产品的需求，通过需求的改变促使厂商更快地采纳绿色技术。

提高绿色技术扩散的速度还需要通过加大根本性创新和提高自然资本的价格降低绿色技术的互补性。由于根本性创新的周期长，风险大，我国作为发展中国家暂时又面临着资金和技术研发能力的制约，所以，对于我国来说，短期当中进行根本性的绿色技术创新不能仅仅依靠政府直接的研发投入，必须加大技术引进的力度，政府政策的重点应放在促进绿色新技术的扩散上，提高自然资本的价格则需要借助于相应的环境政策工具。

第七章 结 论

本书在研究思路上跳出了现有研究对可持续经济增长是否可行的争论，从经济增长路径向可持续路径收敛的角度分析可持续经济增长的实现机理，对经济增长路径向可持续路径收敛的条件、收敛的内在机制、收敛是否具有自发性及可持续经济增长中的绿色技术进步过程进行了系统的阐述。我们的研究表明，经济增长与保持环境的可持续并非必然存在矛盾，如果能够通过消除经济当中的双重政府失灵和双重市场失灵获得有利于环境的结构效应与技术效应，经济增长对环境的规模效应会被抵消，在经济增长的同时，环境压力将能够减轻，经济增长路径会向可持续路径收敛。

但是，这种收敛并不具有自发性，在经济增长过程中，有利于环境的结构效应和技术效应不可能自动形成，尤其是技术效应。在市场环境下，厂商总是按照私人的成本和收益来决定是否采纳绿色技术，绿色技术收益的不确定性导致厂商为获得后动优势而推迟采纳绿色技术，技术的互补性则造成了绿色技术扩散的低效率，如果没有政府政策的干预，经济当中的技术进步很可能会背离环境的可持续。因此，寄希望于通过加速经济增长来解决环境问题是不现实的，当前很多发展中国家采取的增长优先、先污染后治理的发展模式只会进一步恶化环境可持续与经济增长的关系，促使经济增长路径向可持续路径收敛，客观上需要政府将经济政策、环境政策和技术政策组合在一起，消除双重政府失灵和双重市场失灵，预先降低经济增长的环境压力。

需要说明的是，由于数据的限制，本书对可持续经济增长实现机理的研究主要集中在理论层面，除了检验可持续经济增长的自发性使用了实证分析外，可持续经济增长的收敛条件、收敛的内在机制及厂商的绿色技术决策引发的双重市场失灵都尚未进行具体的实证研究。此外，本书只是提出了可持续经济增长政策的基本框架，具体政策工具的设计和选择还有待进一步的研究。

参考文献

安妮·艾里奇. 2000. 张建中，等译. 人口爆炸. 北京：新华出版社：322.

常子晨，常东旭. 2012. 增长极限论：可持续发展理论的重要源头. 大连干部学刊，28（4）：43-47.

陈凤霞，吕杰. 2010. 农户采纳稻米质量安全技术影响因素的经济学分析——基于黑龙江省稻米主产区325户稻农的实证分析. 农业技术经济，2：84-89.

陈国权. 1999. 可持续发展与经济-资源-环境系统分析和协调. 科学管理研究，17（2）：23-24.

陈丽萍，李彤. 2010. 资源环境视角下的可持续经济增长机制研究. 北京理工大学学报（社会科学版），12（6）：36-39.

杜长征，杨磊. 2002. 技术创新、技术进步与技术扩散概念研究. 经济师，3：43-44.

冯巧根. 2011. 从KD纸业公司看企业环境成本管理. 金融研究，10：88-95.

盖美，胡杭爱，柯丽娜. 2013. 长江三角洲地区资源环境与经济增长脱钩分析. 自然资源学报，2：185-198.

顾晓薇，王青，刘敬智，等. 2005. 环境压力指标及应用. 中国环境科学，25（3）：315-319.

海韦尔·琼斯. 1999. 现代经济增长理论导引. 北京：商务印书馆.

韩峰，李浩. 2010. 湖南省产业结构对生态环境的影响分析. 地域研究与开发. 10（5）：89-98.

贺俊，陈华平，毕功兵. 2006. 一个基于产品水平创新和人力资本的内生增长模型. 数量经济技术经济研究，9：127-131.

赫尔曼·E. 戴利. 2002. 超越增长：可持续发展的经济学. 上海：上海译文出版社.

洪大用. 2012. 经济增长、环境保护与生态现代化——以环境社会学为视角. 中国社会科学，9：82-99.

胡鞍钢. 2001. 我国真实国民储蓄与自然资产损失. 北京大学学报（哲学社会科学版），38（4）：49-57.

胡宗义，李峰. 2002. 经济增长方式转变的评价指标体系研究. 湖南大学学报（社会科学版），16（1）：23-26.

黄德春，刘志彪. 2006. 环境规制与企业自主创新——基于波特假设的企业竞争优势构建. 中国工业经济，3：100-106.

江珂，卢现祥. 2011. 环境规制与技术创新——基于中国 1997～2007 年省际面板数据分析. 科研管理，32（7）：60-66.

焦必方. 2001. 环保型经济增长——21 世纪中国的必然选择. 上海：复旦大学出版社.

焦长勇. 2001. 企业绿色技术创新探析. 科技进步与对策，3：73-74.

李春米. 2010. 经济增长、环境规制与产业结构——基于陕西省环境库兹涅茨曲线的分析. 兰州大学学报（社会科学版），38（5）：96-102.

李峻，邓仕杰，张晟. 2010. 生态环境、环境税与可持续经济增长. 产经评论，7（4）：33-40.

李宁，孙涛. 2016. 环境规制、水环境压力与经济增长. 科技管理研究，4：258-262.

李平. 1999. 技术扩散理论及实证研究. 太原：山西经济出版社.

李仕兵，赵定涛. 2008. 环境污染约束条件下经济可持续发展内生增长模型. 预测，27（1）：72-76.

林毅夫. 2001. 发展战略、自生能力和经济收敛. 北大中国经济研究中心讨论稿，No. C2001010.

刘凤良，吕志华. 2009. 经济增长框架下的最优环境税及其配套政策研究——基于中国数据的模拟运算. 管理世界，6：40-51.

刘思华. 1997. 创建中园特色的可持续发展经济学. 中南财经大学学报，4：77-86.

刘伟，李虹. 2014. 中国煤炭补贴政策与二氧化碳减排效应研究. 经济研究，8：146-157.

刘颖辉. 2002. “末端治理”和“清洁生产”. 中国环保产业，6:14-15.

罗尔斯. 1988. 正义论. 何怀宏，何包钢，廖申白译. 北京：中国社会科学出版社.

马利民，王海建. 2001. 耗竭性资源约束之下的 R&D 内生经济增长模型. 预测，20（4）：62-64.

梅雪芹. 2000. 工业革命以来西方主要国家环境污染与治理的历史考察. 世界历史，6：20-29.

彭辉安. 2013. 漓江保护区环境保护与经济发展的矛盾及其消解. 福建农林大学学报（哲学社会科学版），16（5）：43-48.

彭水军，包群. 2006. 环境污染、内生增长与经济可持续发展. 数量经济技术经济研究，23（9）：114-126.

蒲勇健. 2000. 经济增长方式转变中的产业结构调整与产业政策. 北京：华文出版社.

曲福田，朱德明. 2003. 可持续发展的经济政策体系探讨. 中国人口•资源与环境，13（3）：1-6.

施泰尼茨 K. 1999. 经济增长与可持续发展. 国外社会科学，6：58-63.

石中元. 2001. 西方保护环境的“绿色”技术观. 生态经济，2：54-55.

史进，童昕. 2010. 绿色技术的扩散：中国三大电子产业集群比较研究. 中国人口、资源与环境，9：120-126.

宋涛，郑挺国，佟连军. 2007. 基于 Weibull 函数和 Gamma 函数的环境污染与经济增长的关系. 地理研究，5（3）：569-576.

孙军，高彦彦. 2014. 技术进步、环境污染及其困境摆脱研究. 经济学家，8：52-58.

孙宁. 2001. 可持续经济增长模式理论回顾与发展. 皖西学院学报，17（4）：11-16.

唐国平，李龙会，吴德军. 2013. 环境管制、行业属性与企业环保投资. 会计研究，6：83-96

唐要家，杨健. 2014. 销售电价隐形补贴及改革的经济影响研究. 中国工业经济，12：5-17.

王国印，王动. 2011. 波特假说，环境规制与企业技术创新——对中东部地区的比较分析. 中国软科学，1：100-112.

王海建. 2000. 资源约束、环境污染与内生经济增长. 复旦学报（社会科学版），1：76-80.

王奇，刘巧玲，刘勇. 2013. 国际贸易对污染-收入关系的影响研究——基于跨国家 SO_2 排放的面板数据分析. 中国人口、资源与环境，23（4）：73-80.

王小鲁，樊纲. 2000. 中国经济增长的可持续性. 北京：经济科学出版社.

王岩，赵海东. 2001. 实现中国经济可持续发展的制度安排探索. 科学管理研究，19（6）：33-38.

武舜臣，王静，吴闻潭. 2015. 价格支持、市场扭曲与粮食加工企业的福利选择：一个理论探析. 农村经济，6：85-90.

许庆瑞，王毅. 1999. 绿色技术创新新探：生命周期观. 科学管理研究，17（1）：1-4.

杨发明，许庆瑞. 1998. 企业绿色技术创新研究. 中国软科学，3：47-51.

杨继生，徐娟，吴相俊. 2013. 经济增长与环境和社会健康成本. 经济研究，12：17-29.

杨俊，盛鹏飞. 2012. 环境污染对劳动生产率的影响研究. 中国人口科学，5.

杨唯一，鞠晓峰. 2014. 基于博弈模型的农户技术采纳行为分析. 中国软科学，11：42-49.

尹静. 2003. 边干边学和人力资本内生化的内生经济增长模型. 世界经济文汇，1：30-43.

余江，叶林. 2006. 经济增长中的资源约束和技术进步——一个基于新古典经济增长模型的分析. 中国人口、资源与环境，16（5）：7-10.

张倩，曲世友. 2014. 环境偏好和环境税对企业技术决策的影响分析. 环境与社会，2：57-59.

张雪清，胡适耕，王海军. 2005. 一个带有污染的随机内生增长模型. 华中科技大学学报（自然科学版），33（5）：106-107.

赵定涛，王士平. 1997. 绿色技术与自然、社会的协调发展. 安徽大学学报（哲学社会科学版，4：94-97.

赵兴国，潘玉君，赵庆由，等. 2011. 科学发展视角下区域经济增长与资源环境压力的脱钩分析——以云南省为例. 经济地理，7：1196-1201.

周海林. 2001. 经济增长理论与自然资源的可持续利用. 经济评论，2.

Acemoglu D，Aghion P，Bursztyn L，et al. 2012. The environment and directed technical change. American economic review，102（1）：131-166.

Adriaanse A. 1993. Environmental Policy Performance Indicators：a Study on the Development of Indicators for Environmental Policy in the Netherlands. Den Haag：SDU.

Aghion P，Howutt P，Brant-Collett M，et al. 1998. Endogenous Growth Theory. Cambridge：

MIT Press.

Aghion P, Dewatripont M, Rey P.1997.Corporate governance, competition policy and industrial policy. European Economic Review,41(3): 797-805.

Akao K I，Managi S. 2007. Feasibility and optimality of sustainable growth under materials balance. Journal of Economic Dynamics & Control，31：3778-3790.

Al-Mulali U，Saboori B，Ozturk I. 2015. Investigating the environmental Kuznets curve hypothesis in Vietnam. Energy Policy，76：123-131.

Altman M. 2001. When green isn't mean：Economic theory and the heuristics of the impact of environmental regulations on competitiveness and opportunity cost. Ecological Economics，36：31-44.

Ambec S, Barla P.2002.A theoretical foundation of the Porter hypothesis. Economics Letters,75(3): 355-360.

Arouri M E H，Caporale G M，Rault C，et al. 2012. Environmental regulation and Competitiveness：Evidence from Romania. Ecological Economics，81：130-139.

Arrow K，Bolin B，Constanza R. 1995. Economic growth，carrying capacity and the environment. Science，268：520-521.

Asheim G B，Weitzman M L. 2001. Does NNP growth indicate welfare improvement. Economics Letters，73（2）：233-239.

Atkinson G，Dubourg R，Hamilton K，et al. 1997. Measuring Sustainable Development：Macroeconomics and Environment. Cheltenham：Edward Elgar.

Ayres R U，Walter J. 1991. The greenhouse effect：Damages，costs and abatement. Environmental and Resource Economics，1：237-270.

Ayres R U，Warr B. 2009. Energy Efficiency and Economic Growth：the "Rebound Effect" as a Driver. Energy，Climate and the Environment Series：119-135.

Ayres R U. 1997. Comments on Georgescu-Roegen. Ecological Economics，22：285-288.

Baldwin R. 1995. Does sustainability require growth？ The economics of sustainability.

Barbier E D. 1989. Economics，Natural-resource Scarcity and Development. London：Earthscan Press.

Barbier E. 2011. The Policy Challenges for Green Economy and Sustainable Economic Development. Natural Resources Forum，35：233-245.

Barmol W J. 1986. On the possibility of continuing expansion of expansion of finite resources. Kyklos，39：167-179.

Barney G O. 1980. The Global 2000 Report to the President of the US：Entering the 21st Century：The Technical Report. New York：Pergamon Press.

Baumol W J, Oates W E.1988. The Theory of Environmental Policy.Cambridge: Cambridge

University press.

Beckerman W. 1992. Economic growth and the environment：Whose growth？Whose environment？World Development，20（4）：481-496.

Bektratti A. 1996. Models of Economic Growth with Environmental Assets. Dordrecht：Kluwer Academic Publishers.

Bernstam M S. 1991. The Wealth of Nations and the Environment. London：Institute for Economic Affairs.

Bishop R C. 1978. Endangered species and uncertainty：the economics of a Safe Minimum Standard. American Journal of Agricultural Economics，60（2）：10-18.

Boulding K E. 1966. The Economics of the Coming Spaceship Earth. Baltimare：Johns Hopkins University Press.

Bovenberg A L, Smulders S.1995.Environmental quality and pollution-augmenting technological change in a two-sector endogenous growth model.Journal of Public Economics, 57:369-391.

Boyd G A，Mc Clelland J D. 1999. The impact of environmental constraints on productivity improvement in integrated paper plants. Journal of Environmental Economics and Management，38（2）：121-142.

Brock W A，Taylor M S. 2010. The Green Solow model. Journal of Economic Growth，15（2）：127-153.

Bulte E H，Van Soest D P. 2001. Environmental degration in developing countries：households and the Environmental Kuznets Curve. Journal of Development Economics，65：225-235.

Buonanno P，Carraro C，Galeotti M. 2003. Endogenous induced technical change and the costs of Kyoto. Resource and Energy Economics，25：11-34.

Byrne M M. 1997. Is growth a dirty world？Pollution，abatement and endogenous growth. Journal of Development Economics，54：261-284.

Cairncross F. 2000. Economic Tools，International Trade and the Role of Business. Cambridge：Cambridge University Press：153-174.

Carraro C. 1998. New economic theories：impact on environmental economics. Environmental and Resource Economics，11（3-4）：365-381.

Caviglia-Harris J L，Chambers D，Kahn J R. 2009. Taking the "U" out of Kuznets：A comprehensive analysis of the EKC and environmental degradation. Ecological Economics，68：1149-1159.

Cerin P，Karlson L. 2002. Business incentives for sustainability：a property rights approach. Ecological Economics，40：13-22.

Chichilnisky C，Heal G，Beltratti A. 1995. Green golden rule. Economic Letters，49：175-179.

Christainsen G B，Tietenberg T H. 1985. Distributional and macroeconomic aspects of environmental policy. Handbook of Natural Resource and Energy Economics，1：345-393.

Clarke M，Islam S M N. 2005. Diminishing and negative welfare returns of economic growth：an index of sustainable economic welfare（ISEW）for Thailand. Ecological Economics，54：81-93.

Cleveland C J，Ruth M. 1997. When，where and by how much do biophysical limits constrain the economic process？A survey of Nicholas Georgescu-Roegen's contribution to ecological economics. Ecological Economics，22：401-416.

Cole H S D, Freeman C, Jahoda M, et al.1973.Thinking About the Future:A Critique of the Limits to Growth.London: Chatto & Windus for Sussex University Press.

Commoner B.1972. The environmental cost of economic growth//Schurr S. Energy, Economic Growth and the Environment . Baltimore/London: Johns Hopkins University Press:60.

Constanza R，Daly H E. 1991. Natural capital and sustainable development. Conservation Bioeconomics，6：37-46.

Convery F J，Mundial B. 1995. Applying environmental economics in Africa. Washington D. C.: World Bank Technical Paper，227.

Criado C O，Valente S. 2011. Growth and Pollution Convergence：Theory and Evidence. Journal of Environmental Economics and Management，62：199-214.

Culas R J. 2007. Deforestation and the environmental Kuznets curve：an institutional perspective. Ecological Economics，61：429-437.

Daly H E. 1977. Steady-State Economics：the Economics of Biophysical Equilibrium and Moral Growth. San Francisco：Freeman.

Daly H E. 1990. Toward some operational principles of sustainability development. Ecological Economics，2：1-6.

Daly H E. 1991. Elements of environmental macroeconomics. // Costanza R. Ecological Economics：the Science and Management of Sustainability. New York：Columbia University Press：32-46.

Daly H E. 1999. How long can neoclassical economists ignore the contributions of Georgescu-Roegen. Bioeconomics and sustainability：essays in honor of Nicholas Georgescu-Roegen，Cheltenham/England：13-24.

Dasgupta P S，Heal G M. 1979. Economic Theory and Exhaustible Resource. Cambridge：Cambridge University Press.

Dasgupta P. 2008. Nature in economics. Environmental and Resource Economics，39（1）：1-7.

de Bruyn S M，van den Bergh J C J M，Opschoor JB. 1998. Economic growth and emissions：reconsidering the empirical basis of environmental Kuznets curve. Ecological Economics，25：161-175.

De Bruyn S M. 2000. Economc Growth and the Environment：an Empirical Analysis. Dordrecht：

Kluwer Academic Publishers.

De Groot R S. 1992. Functions of Nature：Evaluation of Nature in Environmental Planning，Management and Decision Making. Groningen：Wolters-Noordhoff.

Deacon R T，Norman C S. 2006. Does the Environmental Kuznets Curve Describe How Individual Countries Behave? Land Economics，82（2）：291-315.

Dolado J J，Jenkinson T，Sosvilla-Rivero S. 1990. Cointegration and unit roots. Journal of Economic Surveys，4：249-273.

Domazlicky B R，Weber W L. 2004. Does environmental protection lead to slower productivity growth in the chemicalindustry. Environmental and Resource Economics，28：301-324.

Duchin F，Lange G M. 1994. The Future of the Environment：Ecological Economics and Technological Change. New York：Oxford University Press.

Ekins P. 1997. The Kuznets curve for the environment and economic growth：examining the evidence. Environment and planning，29：805-830.

England R W. 2000. Natural capital and the theory of economic growth. Ecological Economics，34：425-431.

EP. 1994. Alternative control technologies document Nox emissions from utility boilers. Environmental Protection Agency：EPA-453/R-94-023.

Farley J，Aquino A，Daniels A，et al. 2010. Global mechanisms for sustaining and enhancing PES schemes. Ecological Economics，69（11）：2075-2084.

Faucheux S，Nicolaý I. 2000. Environmental technological change and governance in sustainable development policy. Ecological Economics，27：243-256.

Findley S E. 1994. Does Drought Increase Migration? A Study of Migration from Rural Mali During the 1983-1985 Drought. International Migration Review，28（3）：539-553.

Fudenberg D，Tirole J. 1985. Preemption and rent equalization in the adoption of new technology. Review of Economic Studies，LII：383-401.

Gabel H L，Sinclair-Desgagné B. 1997. The firm，its routines，and the environment. INSEAD（working paper）.

Gawande K，Berrens R P，Bohara A K. 2002. A consumption-based theory of the environmental Kuznets curve. Ecological Economics，37：101-112.

Georgescu-Roegen N. 1971. The Entropy Law and the Economic Process. Cambridge：Havard University Press .

Gifford A. 1993. Pollution，Technology and economic growth. Southern Economic Journal，40：210-215.

Goldin I，Winters A. 1995. Economic policies for sustainable development//Goldin I，Winters. The Economics of Sustainable Development. Cambridge：Cambridge University Press.

Greenstone M，List J A，Syverson C. 2012. The Effects of Environmental Regulation on the Competitiveness of US Manufacturing. Cambridge：National Bureau of Economic Research.

Grossman G M, Krueger A B.1991.Economic Impacts of a NAFTA. NBER working paper. Cambridge: National Bureau of Economic Reserch(NBER).

Grossman G M，Krueger A B. 1995. Economic growth and the environment. Quarterly Journal of Economics，112：353-378.

Guerin T F. 2001. Why sustainable innovations are not always adopted？Resources，Conservation and Recycling，34：1-18.

Hahn R W. 2000. The impact of economics on environmental policy. Journal of Environmental Economics and Management，39：375-399.

Hahn Y H，Yu P I. 1999. Towards a new technology policy：the integration of generation and diffusion. Technovation，19：177-186.

Hamilton C 1997. The sustainability of logging in Indonesia's tropical forest：a dynamic input-output analysis. Ecological Economics，21：183-195.

Hanna R，Oliva P. 2015. The effect of pollution on labor supply：evidence from a nature experiment in Mexico City. Journal of Public Economics，122：68-79.

Harrington D R，Khannay M，Ziberman D. 2005. Conservation Capital and Sustainable Economic Growth. Oxford Economic Papers，57：336-359.

Harte M J. 1995. Ecology，sustainability and environment as capital. Ecological Economics，15：157-164.

He J. 2006. Pollution Haven Hypothesis and Environmental Impacts of Foreign Direct Investment：The Case of Industrial Emission of Sulfur Dioxide in Chinese Province. Ecological Economics，60：228-245.

Hediger W. 2000. Sustainable development and social welfare. Ecological Economics，32：481-492.

Heerink N，Mulatu A，Bulte E. 2001. Income inequality and the environment. Aggregation bias in environmental Kuznets curves. Ecological Economics，38：359-360.

Hefner R A. 1995. Toward sustainable economic growth：the age of energy cases. International Journal of Hydrogen Energy，20（12）：945-948.

Holtz-Eakin D，Selden T M. 1995. Stoking the fires？CO_2 emissions and economic growth. Journal of Public Economics，57：85-101.

Howarth R B. 1991. Manufacturing energy use in eight OECD countries：Decomposing the impacts of changes in output，industry structure and energy intensity. Energy Economics，12：135-142.

Hsiao C H.1986. Analysis of Panel Data.Cambridge: Cambridge University Press.

Hueting R，Reijnders L，de Boer B，et al. 1998. The concept of environmental function and its

Valuation. Ecological Economics，25：31-35.

Hueting R. 1980. New Scarcity and Economic Growth：More Welfare Through Less Production? Amsterdam：North Holland.

Ingrao C，Bacenetti J，Bezama A，et al. 2016. Agricultural and forest biomass for food，materials and energy：bio-economy as the cornerstone to cleaner production and more sustainable consumption patterns for accelerating the transition towards equitable，sustainable，post fossil-carbon societies. Journal of Cleaner Production，117：1-3.

IOM. 2008. Expert Seminar：Migration and the Environment. International Organization for Migration，18：30-35.

IPCC. 2000. Methodological and technological issues in technology transfer. Journal of the Royal Society of Medicine，84（12）：753.

Jaeger W. 1998. A theoretical basis for the environmental inverted-U curve and implications for international trade. Williams college（Working paper）.

Jaffe A B，Peterson S R，Portney P R et al. 1995. Environmental regulation and the competitiveness of US manufacturing：what does the evidence tell us? Journal of Economic literature，33：132-163.

Jaffe A B，Stavings R N. 1995. Dynamic Incentives of Environmental regulations：the effects of Alternative policy instruments on technology diffusion. Journal of Environmental Economics and Management，29：43-57.

Jenkins T N. 1990. Future Harvests：the Economics of Farming and the Environment-Proposals for Action. London：Council for the Protection of Rural England.

Jensen R. 1992. Innovation adoption and welfare under uncertainty. Journal of Industrial Economics，XL：173-180.

Jha R，Murthy K V B. 2003. An inverse global environmental Kuznets curve. Journal of Comparative Economics，31：352-368.

Jone A，Pechenino R. 1994. An overlapping generations model of growth and the environment. Economic Journal，104：1394-1410.

Jones L E，Manuelli R E. 1995. A positive model of growth and pollution controls. NBER（Working paper）.

Jorgenson D W，Wilcoxen P J. 1990. Environmental regulation and US economic growth. Rand Journal of Economics，21（2）：314-340.

Jung C，Krutilla K，Boyd R. 1996. Incentives for advanced pollution abatement technology at industry level：a evolution of policy alternatives. Journal of environmental economics and management，30（1）：95-111.

Kaufmann R K. 1998. The determinants of atmospheric SO_2 concentrations: reconsidering the

EKC.Ecological Economics,25:209-220.

WECD. 1997. 我们共同的未来. 长春：吉林人民出版社.

Kelly D L. 2003. On environmental Kuznets curves arising from stock externalities. Journal of Economic Dynamics & Control，27：1367-1390.

Khanna N. 2002. The income elasticity of non-point source air pollutants：revisiting the environmental Kuznets curve. Economics Letters，77：387-392.

Kwon O S. 2001. Economic growth and the environment：the EKC curve and sustainable development in an endogenous growth model. University of Washington（A dissertation for PhD）.

Lawn P，Clarke M. 2010. The end of economic growth? A contracting threshold hypothesis. Ecological Economics，69：2213-2223.

Lecomber R. 1975. Economic Growth Versus the Environment. London：Macmillan.

Loschel A. 2002. Technological change in economic models of environmental policy：a survey. Ecological economics，43：105-126.

Lutz E，Pagiola S，Reiche C, et al. 1994. Economic and institutional analysis of soil conservation projects in central America and the Caribbean. Washington D C.：World Bank Technical Paper 8 .

MacNeill J.1989.Strategies for sustainable economic development.Scientific American, 261:154-165.

Maddison D，Pearce D，Adger N. 1997. Environmentally damaging subsidies in the United Kingdom. European Environment，7：110-117.

Magnani E. 2001. The environmental Kuznets curves：development path or policy result? Environmental Modelling & Software，16：157-165.

Malenbaum W.1978.World Demand for Raw Materials in 1985 and 2000. New York:McGraw-Hill.

Malthus T R.1951.Principles of Political Economy Considered with a View to Their Practical Application.New York: Augustus M Kelley.

Max-Neef M. 1995. Economic growth and quality of life：a threshold hypothesis. Ecological Economics，15：115-118.

Maxwell J W，Decker C S. 2006. Voluntary Environmental Investment and responsive regulation. Environmental & resource Economics，33（4）：425-439.

Mayumi K. 1999. Bioeconomics and Sustainability. Massachusetts：Edward Elgar Publishing.

Meadows D H，Meadows D L，Randers J，et al. 1972. The Limits to Growth：a Report for the Club of Rome's Project on the Predicament of Mankind. London：Earthscan.

Messener S. 1997. Endogenized technological learning in an energy systems model. Journal of Evolutionary Economics，7：291-313.

Mohr R D. 2002. Technical change，external economies，and the Porter hypothesis. Journal of

Environmental economics and management，43（1）：158-168.

Mokyr J. 1992. Technological ineritia in economic history. The Journal of Economic History，52：325-338.

Mulder P，de Groot H L F，Hofkes M W. 2003. Explaining slow diffusion of energy-saving technologies；a vintage model with returns to diversity and learning-by-using. Resource and Energy Economics，25：105-126.

Munasinghe M，Cruz W. 1995. Economy wide policies and the environment. Washington D C：World Bank Technical Paper 10.

Munasinghe M. 1999. Is environmental degradation an inevitable consequence of economic growth. Ecological Economics，29：89-109.

Murgai M. 2001. The Green Revolution and the productivity paradox：evidence from the Indian Punjab. Agricultural Economics，25：199-209.

Myers N. 1998. Lifting the veil on perverse subsidies. Nature，392（26）：327-328.

Nelson C R, Plosser C R.1982.Trends and random walks in macroeconomic series: some evidence and implications.Journal of Monetary Economics,10:139-162.

Nilsson L J. 1993. Energy intensity trends in 31 industrial and developing countries 1950-1988. Enery，18：309-322.

Nordhaus W D. 2010. Economic aspects of global warming in a post-Copenhagen environment. Proceedings of the National Academy of Sciences，107（26）：11721-11726.

Odum E P，Barrett G W. 1971. Fundamentals of Ecology. Philadelphia：W B Saunders Co.

OECD. 1991. The State of the Environment. Paris：OECD.

OECD/IEA. 2000. Experience Curves for Energy Technology. Paris：OECD/IEA.

Opschoor J B.1992.Sustainable Development, the Economic Process and Economic Analysis. Environment, economy and sustainable development.Groningen: Noordhoff：25-53.

Opschoor J H B. 1995. Ecospace and the fall and rise of throughout intensity. Ecological Economics，15：137-140.

Opschoor J B, Weterings R.1994.Environmental utilization space and reference values for performance evaluation.Milieu,9:221-229.

Orsato R J. 2006. Competitive Environmental Strategies：When Does It Pay to be Green? California Management review，48（2）：127-143.

Orubu C O，Omotor D G. 2011. Environmental quality and economic growth：Searching for environmental Kuznets curves for air and water pollutants in Africa. Energy Policy，39：4178-4188.

Osabuohien E S，Efobi U R，Gitau C M W. 2014. Beyond the environmental Kuznets curve in Africa：evidence from panel cointegration. Journal of Environmental Policy & Planing，16：

517-538.

Panayotou T. 1993. Empirical tests and policy analysis of environmental degradation at different stages of economic development//World Employment Programme Research Working Paper WEP 2-22/WP 238. Geneva：International Labor Office.

Pearce D W，Barbier E，Markandya A. 2013. Sustainable Development：Economics and the Environment in the Third World. Aldershot：Edward Elgar.

Pearce D W，Barbier E. 2000. Blueprint for a sustainable economy. London：Earthscan.

Pearce D W，Turner R K. 1990. Economics of Natural Resources and the Environment in the Third World. New York：Harvester Wheatsheaf.

Pearce D W. 2007. Do we really care about biodiversity? Environmental and Resource Economics，37（1）：313-333.

Pellegrini G，Ingrao C，Camposeo S，et al. 2016. Application of water footprint to olive growing systems in the Apulia region：a comparative assessment. Journal of Cleaner Production，112（20）：2407-2418.

Peters G P, Hertwich E G. 2008. CO_2 embodied in international trade with implications for Global Climate Policy. Environmental Science and Technology, 42(5):1401.

Philp J. 2015. Balancing the bioeconomy：supporting biofuels and bio-based materials in public policy. Energy & Environmental Science，8：3063-3068.

Porter M E，Van der Linde C. 1995. Toward a New Conception of the Environment －Competitiveness relationship. Journal of Economic Perspectives，9（4）：97-118.

Porter M. 1991. America's green strategy. Science of America，264-168.

Posch M，Hettelingh J P，Downing R J. 1995. Calculation and Mapping of Critical Thresholds in Europe：Status Report 1995. Bilthoven：Rijksinstituut voor volksgezondheid en Milieu（RIVM）.

Prigogine L，Rice S A，Jortner J，et al. 2009. Advances in Chemical Physics，Volume 106，Part 1：Electron Transfer--From Isolated Molecules to Biomolecules. Published online：Wiley Online Library.

Reinganum J. 1989. The timing of innovation: research, development, and diffusion. Handbook of Industrial Organization, vol. 1. Amsterdam: North-Holland:850–908.

Ricardo D.1923.The principles of political economy and taxation.Fischer, 1(3494):62-74.

Roca J. 2003. Do individual preferences explain the Environmental Kuznets curve? Ecological Economics，45：3-10.

Rock M T. 1998. Pollution Intensity of GDP and Trade Policy：Can the World Bank be wrong? World Development，24：471-479.

Rosenberg N. 1974. Science，Innovation and Economic Growth. Economic Journal，3：51-77.

Rothman D S，De Bruyn S M. 1998. Probing into the EKC hypothesis. Ecological Economics，25：143-145 .

Schimidheiny S. 1992. Changing Course：a Global Business Perspective on Development and the Environment. Cambridge：MIT Press：96.

Selden T M，Song D. 1994. Environmental quality and development：is there a Kuznets curve for air pollution emissions? Journal of Environmental Economics and Management，27：147-162.

Serafy S E I. 1989. The Proper Calculation of Income from Depletable Natural Resources. Environmental Accounting for Sustainable Development. Washington D C：World Bank：10-18.

Shafik N，Bandyopqdhyay S. 1992. Economic Growth and Environmental Quality：Time Series and Cross-Country Evidence. Background Paper for the World Development Report. Washington D. C.：World Bank.

Shahbaz M，Solarin S A，Mahmood H，et al. 2013. Does financial development reduce CO_2 emissions in Malaysian economy? A time series analysis. Economic Modelling，35：145–152.

Siebert H. 1982. Nature as a lift support system：renewable resource and environmental disruption. Journal of Economics，42：133-142.

Simon J L. 1981. The Ultimate Resource. Princeton：Princeton University Press.

Smulders J A. 2000. Economic growth and Environmental Quality//Folmer H，Gabel H L，Opschoor H. Principle of Environmental and Resource Economics. Chapter 20. Cheltenham：Edward Elgar Publishing.

Solow R M. 1974. Intergenerational equity and exhaustible resource. Review of Economics Study and Exhaustible Resource，14：29-45.

Spangenberg J H，Omann I，Hinterberger F. 2002. Sustainable growth criteria：minimum benchmarks and scenarios for employment and the environment. Ecological Economics，42：429-443.

Stavins R N，Wagner A F，Wagner G. 2003. Interpreting sustainability in economic terms：dynamic efficiency plus intergenerational equity. Economics Letters，79：339-343.

Steger U. 1996. Organizaiton and human resource management for environmental management// Groenewegen P，Fischer K，Jenkins E G，et al. The Greening of Industry Resource Guide and Bibliography. Washington D C：Island Press：147-166.

Stern D，Common M，Barbier E. 1996. Economic growth and environmental degradation：a critique of the EKC. World Development，24：1151-1160.

Stiglitz J.1974.Growth with exhaustible natural resources: efficient and optimal growth paths. Review of Economics Studies,41:123-137.

Stokey N L. 1998. Are there limits to growth? International economic review，39：1-31.

Stoneman P，Diederen P. 1994. Technology diffusion and public policy. Economic Journal，

104（7）：918-930.

Suri V，Chapman D. 1998. Economic growth，trade and the environment：implications for the EKC. Ecological Economics，25：195-208.

Thurow L C.1980. The Zero-Sum Society: Distribution and the Possibilities for Economic Change. New York: Basic Books.

Tisdell C. 1987. Sustainable development：differing perspectives of ecologists and economists，and relevance to LDCs. World development，15（6）：373-384.

Tisdell C. 2001. Globalization and sustainability. Ecological Economics，39：185-196.

Torras M，Boyce J K. 1998. Income，inequality and pollution：a reassessment of the EKC. Ecological Economics，25：147-160.

Torvanger A. 1991. Manufacturing sector carbon dioxide emissions in nine OECD countries，1973–87：A Divisia index decomposition to changes in fuel mix，emission coefficients，industry structure，energy intensities and international structure. Energy Economics，13：168-186 .

Turner G M. 2008. A comparison of The Limits to Growth with 30 years of reality. Global Environmental Change，18：397-411.

Turner R K.1993. Sustainable Environmental Economics and Management: Principles and Practice. New York: Belhaven Press.

Ulph A，Valentini L，Jones T，et al. 2001. Environmental regulation，Multinational Companies and International Competitiveness. Berlin：Spring-Verlag.

Unruh G C，Moomaw W R. 1998. An alternative analysis of apparent EKC-type Transitions. Ecological Economics，25：221-229.

van den Bergh J C，Hofkes M W. 1998. Theory and Implementation of Economic Models for Sustainable Development. Dordrecht：Kluwer Academic Publishers.

Van Geldrop J，Withagen C. 2000. Natural capital and sustainability. Ecological Economics，32：445-455.

Vellinga N. 1999. Multiplicative utility and the influence of environmental care on the short-term economic growth rate. Economic Modelling，16：307-330.

Victor P A. 1991. Indicators of sustainable development：some lessons from capital theory. Ecological Economics，4：191-213 .

Vollenweider R A. 1968. The Scientific Basis of Lake Eutrophication，with Particular to Phosphorus and Nitrogen as Eutrophication Factors. Technical Report DAS/DSI/68. 27. Paris：OECD.

Wagner M. 2007. On the relationship between environmental management，environmental innovation and patenting：Evidence from German manufacturing firms. Research Policy，36（10）：1587-1602.

World Bank. 1992. World Development Report. Oxford/New York：Oxford University Press：68.

World Bank. 1997. World Development Report 1997. Oxford，New York：Oxford University Press.

World Bank. 2002. World Development Indicator Database.

WRI.1992. World Resources 1992-1993. Oxford, New York: Oxford university press:2.

Yang C H，Tseng Y H，Chen C P. 2012. Environmental regulations，induced R&D，and productivity：Evidence from Taiwan's manufacturing industries. Resource and Energy Economics，34（4）：514-532.

Zivin J S G，Neidell M J. 2011. The Impact of Pollution on Worker Productivity. American Economic Review，102（7）：3652-3673.